STEIN · DAS KLEINE STERNENBUCH

WALTER STEIN

Das kleine Sternenbuch

Für Sternenfreunde
Segler und
Seeleute

DELIUS KLASING VERLAG

ISBN 3-87412-065-1

8. Auflage

Einband: Siegfried Berning
Druck: Gustav Thomas, Bielefeld

Inhaltsverzeichnis

Vorwort

Dieses Buch ist geschrieben für alle Sternfreunde, die es nicht bei der bewundernden Betrachtung des Sternhimmels belassen, sondern sich Kenntnisse von der Sternkunde aneignen wollen. Es ist besonders gewidmet den Seeleuten und Seglern, die in langen Nachtstunden auf einsamer Fahrt die Sterne liebenlernten und mehr von ihnen zu wissen wünschen.
Beginnend mit zwanglosen, oft scheinbar ungeordneten Beobachtungsfolgen, wird die Darstellung immer geordneter und zusammenfassender – wie es der Verfasser im Sternkunde-Unterricht und an Bord erprobte und praktizierte.
Wenn das Thema in dem gesteckten Rahmen auch nicht vollständig behandelt werden kann, so werden doch auch der Sternfreund, der schon die Grundtatsachen kennt, und der Schiffsoffizier, der die Fortschritte der Astronomie an Bord nicht verfolgen konnte, wertvolle Kenntnisse aus diesem Buch schöpfen können. Es wurde daher auch Wert darauf gelegt, Aufnahmen zu bringen, die die modernen Fernrohre von den fernen Welten zu machen erlauben, in die dieses Buch führt.
Ich danke den Instituten, die mir das Bildmaterial zur Verfügung stellten.

Bremen, im Oktober 1979

Walter Stein

Abb. 1 Sternhimmel und Projektionsapparat eines Planetariums

Allerlei Beobachtungen

Erster Anfang

Es ist sternklare Nacht ohne Mondschein. Wie eine riesige Kuppel wölbt der Himmel sich über uns. Auf dieser Kuppel stehen, wie es uns scheint, Tausende von funkelnden Lichtpunkten, die Sterne. Hier scheinen sie sich zu Linienzügen, Figuren zu ordnen, dort stehen sie ordnungslos nebeneinander, so daß unser Plan hoffungslos erscheint, bestimmte Sterne am nächsten Abend wieder auszumachen.
Ich will aufzeigen, wie das doch gelingen kann. Nur wenn wir uns erst einmal einige wenige Sterne vornehmen, wird es uns gelingen, sie anderntags wiederzufinden.
Aber wo sollen wir anfangen?
Ohne Buchstaben kein Wort, ohne Wort keine Sprache, ohne Fachausdrücke keine Verständigung im Beruf – ohne Fachausdrücke auch für uns keine Verständigung in der Sternenkunde.
Wir nennen die Grenze zwischen Himmel und Meer *Kimm*. An Land sprechen wir von *Horizont*. Die Kimm ist für uns ein Kreis. Darauf scheint sich die Himmelskugel aufzubauen. Der höchste Punkt dieser Kuppel, der Punkt senkrecht über uns, heißt *Scheitel* oder *Zenit* – ein arabisches Wort.

Wir laufen Kurs Süd. Wer gibt dem Schiff diese Richtung Süd? Der Kompaß. Wer weist uns aber in der Dunkelheit die Richtung? Denn wir wollen doch hier im Dunkeln stehenbleiben, jede Helle blendet uns, und nur langsam stellt sich das Auge wieder auf die geringen Helligkeiten der Sterne ein, wenn wir zwischendurch einen Blick auf den schwachbeleuchteten Kompaß werfen. Wenn unsere Augen sich der Dunkelheit „angepaßt" haben, sehen wir die Sterne heller, und vor allem: Wir sehen mehr Sterne.

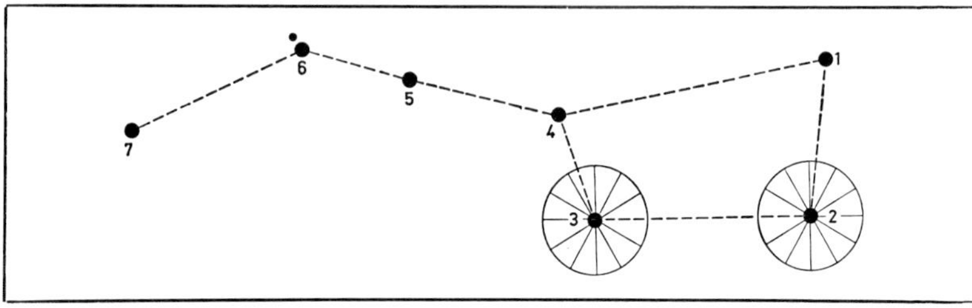

Abb. 2 Der Himmelswagen

Nun, die Sterne selbst zeigen uns die Richtungen. Blicken wir einmal nach achtern. Etwa zwei Faustbreiten über der Kimm sehen wir den *Himmelswagen* oder wie er auch heißt, den *Großen Bären.* Er soll unser Ausgangspunkt sein. Abbildung 2 zeigt die Anordnung der Sterne dieses Himmelsbildes. Die Sterne 1 bis 4 bilden den Kasten des Wagens, 5 bis 7 die Deichsel. Aber ein Großer Bär? Man muß weitere Sterne in der Nähe hinzunehmen: Die vier Wagensterne bilden den Leib, die Deichselsterne den Schwanz des Bären.

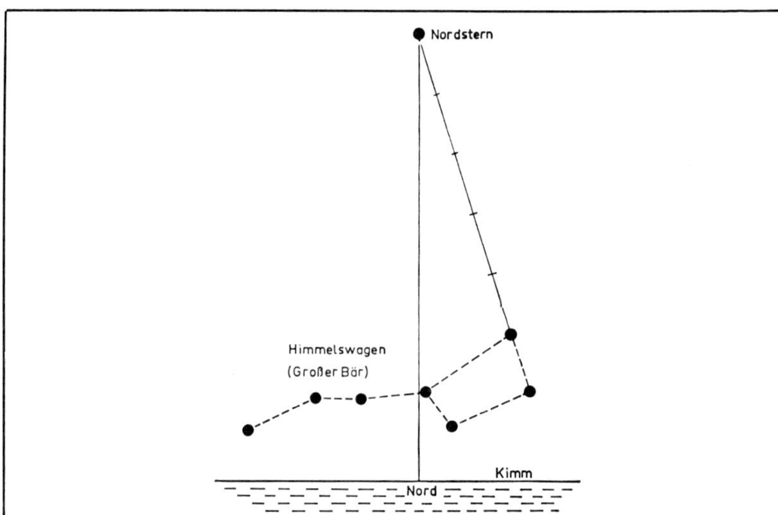

Abb. 3 Wie finde ich Nord?

Die Deutung als Wagen ist anschaulicher; wir geben also den Versuch auf, einen Bären an den Himmel zu versetzen, wie es die Sage tut, die die rätselhaften Sterne auf diese Weise dem Menschen näherbringen wollte.
Und nun nutzen wir dieses Sternbild aus: Wir ziehen in Gedanken einen Strich am Himmel und verlängern die Rückwand (1 – 2) des Wagens nach oben (im Sinne des Wagens gemeint) geradlinig um das Fünffache.
Da kommen wir in eine sternarme Gegend und treffen nach der fünffachen Verlängerung einen zwar nicht sehr hellen, aber in der ihn umgebenden Sternleere auffälligen Stern. Es ist der *Nordstern* oder *Polarstern* (Abb. 3).
Gehen wir von diesem Stern senkrecht auf die Kimm hinunter, so haben wir dort den *Nordpunkt* oder die Himmelsrichtung Nord.

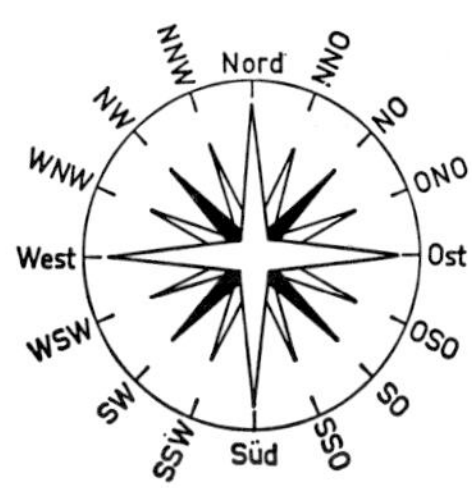

Wir wissen: Die Nord entgegengesetzte Himmelsrichtung heißt Süd. Stellen wir uns so hin, daß wir nach Norden schauen, so liegt rechts von uns Ost, links West. Die beiden Richtungen Nord–Süd und Ost–West stehen senkrecht aufeinander (Abb. 4).
Um auch Zwischenrichtungen angeben zu können, teilen wir den ganzen Kreis Kimm oder Horizont in 360 gleiche Teile, die *Grade*. Wo Ost steht, können wir dann auch 90°, wo Süd 180° schreiben usw. (Abb. 5). Wir können aber auch die Bezeichnungen N, O, S, W (Abkürzungen für Nord, Ost, Süd und West) beibehalten und nur die Zwischenräume in 90 Teile einteilen, wie es Abb. 6 zeigt (viertelkreisige Gradeinteilung).
Die Richtungsangabe legt aber allein die Lage des Sterns am Himmel noch nicht fest. Wir müssen außerdem noch angeben, wie hoch der Stern über der Kimm steht. Diese Höhe über der Kimm gewinnt der Navigator mit dem *Sextanten.*

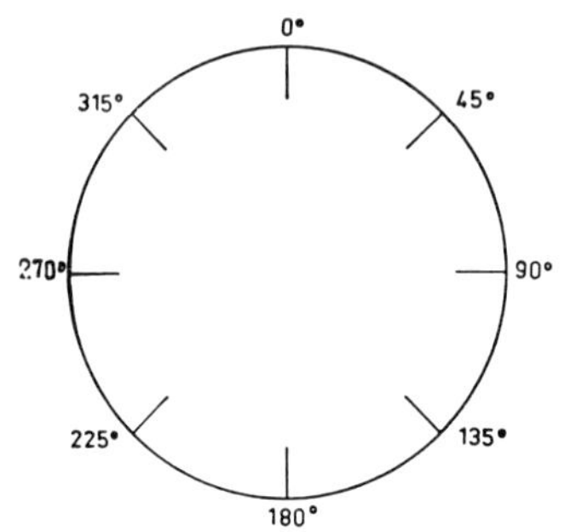

Abb. 5 Die Gradeinteilung (Vollkreisteilung)

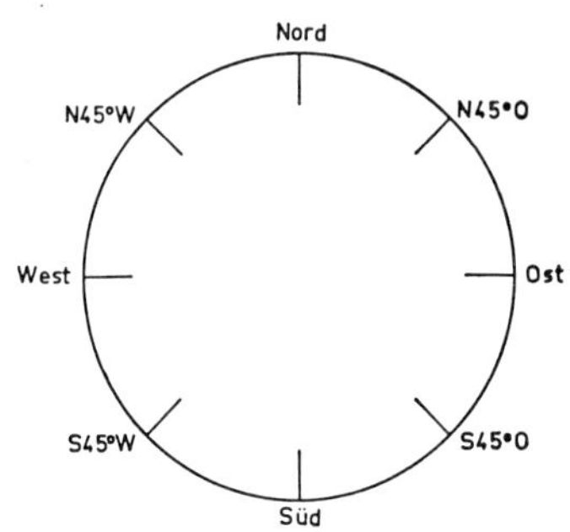

Abb. 6 Viertelkreisige Gradeinteilung

Wieder muß natürlich der Abstand von der Kimm (senkrecht nach unten gemessen!) in Graden angegeben werden. Der Bogen am Himmel vom Scheitel über uns bis zur Kimm wird in 90° eingeteilt.

Aber wie kann ich ohne ein Gerät die Anzahl der Grade wenigstens angenähert angeben?

Wir halten eine Hand in etwa 50 cm Abstand vom Auge entfernt, den Arm also leicht angewinkelt. Dann verdeckt die geballte Faust ungefähr 10°, das heißt den neunten Teil des Bogens Scheitelpunkt – Horizont (Abb. 7).

Der Zeigefinger (Abb. 8) bedeckt den fünften Teil davon, also 2°, und die Handspanne (Abb.9) von der Daumenspitze bis zur Kleinfingerspitze etwa 20°.

Wir können dieses rohe Winkelmeßverfahren auch anwenden, um Entfernungen am Himmel, Abstände von Sternen, anzugeben. In unserem Falle stellen wir nun also fest: Der Nordstern steht in Richtung Nord, gut fünf Faustbreiten hoch über der Kimm.

Abb. 7 Faustbreite = 10°

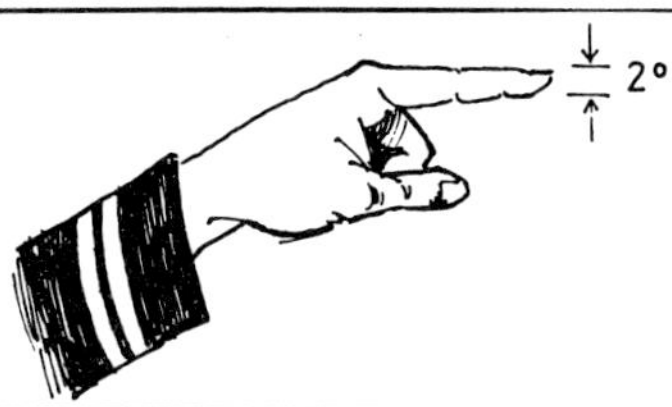

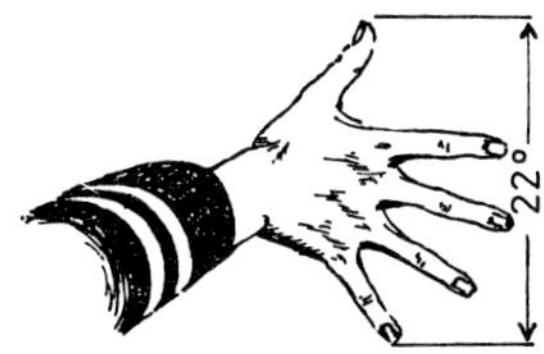

Abb. 8 Fingerbreite = 2°

Abb. 9 Handspanne = ~ 20°

Schauen wir nun einmal zu dem Stern im Knick der Deichsel. Dieser Stern hat einen kleinen Nachbarn: das *Reiterlein* (Abb. 10). Von alters her hat dieser kleine Stern als Sehprobe gedient.

Wer die beiden Sterne getrennt sehen kann, hat gute Augen.

Es handelt sich um einen Doppelstern. Das soll nun aber nicht heißen, daß die beiden wirklich dicht nebeneinander stehen. Das sieht nur so aus, in Wirklichkeit stehen sie hintereinander, durch gewaltige Entfernungen getrennt. Denn:

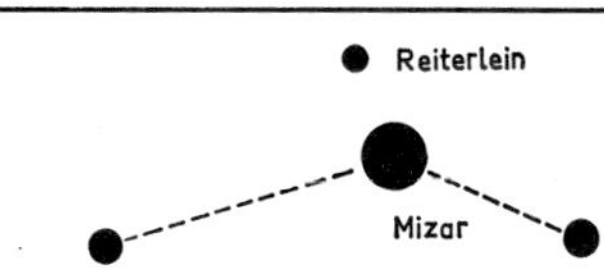

Abb. 10 Das Reiterlein Alkor bei dem Deichselstern Mizar des Himmelswagens

Mit der Vorstellung der Himmelskugel, so wie wir sie sehen, müssen wir brechen, hat uns die Wissenschaft gezeigt. Der messende und forschende Mensch ist in die Tiefe des Weltraums eingedrungen und hat gezeigt, daß all die Sterne, die uns in gleichem Abstand auf der Himmelskugel zu stehen scheinen, in Wirklichkeit sehr verschieden weit entfernt sind, daß es Nachbarn unsere Erde gibt und Sterne, zu denen selbst das Licht viele viele Jahre braucht. Und das Licht hat schon die größte Geschwindigkeit überhaupt: In einer Sekunde legt es 300 000 km zurück. Der Umfang der Erde beträgt 40 000 km. Der Lichtstrahl kommt also in einer Sekunde über siebenmal um die Erde (Abb. 11).

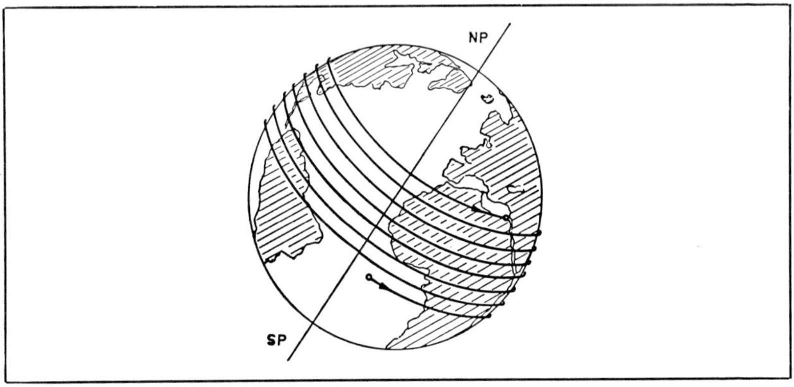

Abb. 11 Der Lichtstrahl kommt in einer Sekunde über siebenmal um die Erde

Könnten wir mit dieser Lichtgeschwindigkeit reisen, so würden wir die Sonne in Minuten erreichen, manche Sterne aber erst in Jahren, wenn nicht gar Jahrhunderten.
Beobachten wir weiter: Am Nordstern hängt noch eine Sternfolge, die dem Himmelswagen ähnlich ist, der *Kleine Wagen* oder der *Kleine Bär* (Abb. 12). Den Nordstern mit diesen beiden Sternbildern werden wir in unseren Breiten zu jeder Zeit des Jahres zu jeder Nachtstunde wiederfinden. Wir haben ihn daher als Ausgangspunkt gewählt.

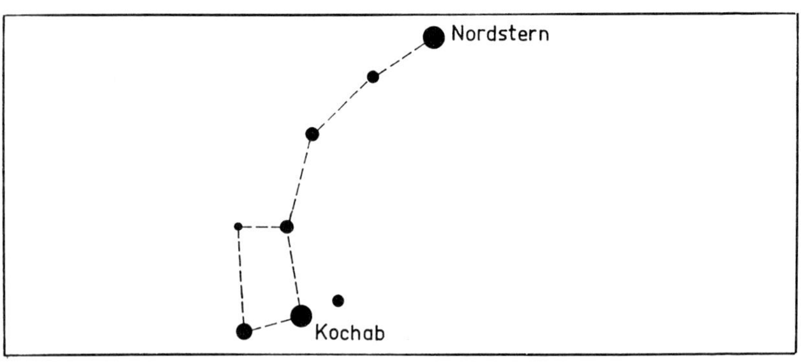

Abb. 12 Kleiner Bär

Freilich, zu jeder Jahreszeit steht der Wagen anders. Treten wir in den vier Jahreszeiten jeweils um 22 Uhr hinaus, um den Himmelswagen aufzusuchen, so steht er im Frühling hoch in der Nähe des Zenits, im Sommer in Nordwesten, im Herbst tief unten in der Nähe der Kimm, im Winter im Nordosten in mittlerer Höhe (Abb. 13).
Noch befindet sich unser Schiff in der Nordsee. Wir wollen uns vornehmen, zu beobachten, ob sich dies Bild und die Lage des Bildes zur Kimm im Laufe der Reise ändern.
Zeichnen wir, wie in Abb. 13, die vier Lagen des Wagens in den vier Jahreszeiten auf, so erkennen wir, daß der Wagen im Laufe des Jahres offenbar rückwärts einmal um den Nordstern herumkutschiert.

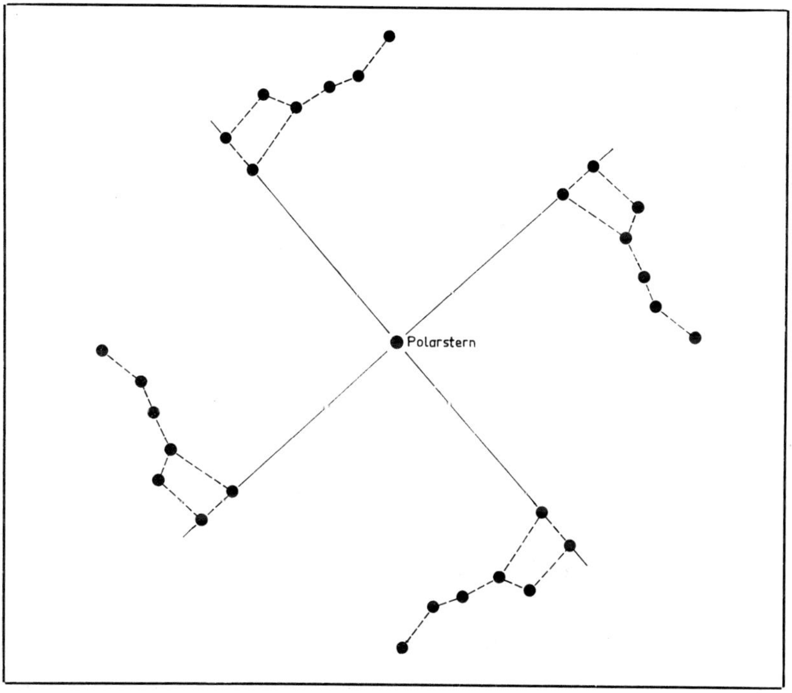

Abb. 13 Der Wagen in den vier Jahreszeiten

Gehen wir mit unserem Blick vom Reiterlein auf der Deichsel des Himmelswagens zum Nordstern und über den Nordstern hinaus noch einmal um dasselbe Stück geradeaus weiter, so treffen wir auf ein weiteres auffälliges Sternbild, das sicher manchem schon bekannt ist: das große Himmels-W, das freilich zu anderen Zeiten, auf dem Kopf befindlich, als Buchstabe M erscheinen kann. Es ist das Sternbild der *Cassiopeia* (Abb. 14), das also hoch im Zenit steht, wenn sich der Himmelswagen in der Nähe der Kimm befindet, und umgekehrt. Dieses Sternbild, das wir leicht wiederfinden, ist in jenem schimmernden Band von Sternen und leuchtenden Flecken angeordnet, das wir *Milchstraße* nennen.

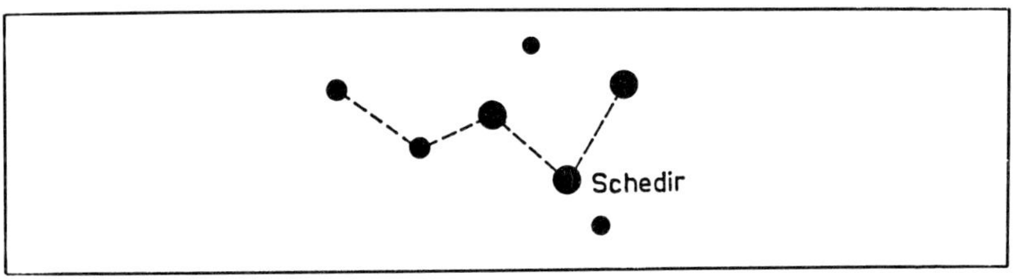

Abb. 14 Die Cassiopeia

Nicht alle Sterne sind gleich hell. Sie werden ihrer Helligkeit nach in *Größen* eingeteilt. Im Himmelswagen sind die ersten zwei und die letzten drei Sterne gleich hell. Sie haben die Helligkeit 2 – sie sind Sterne 2. Größe. Alle helleren Sterne gelten als solche 1. Größe. Der Stern 4, an dem die Deichsel ansetzt, hat nur eine Helligkeit 3. Größe. Noch schwächer, also 4. Größe, ist das Licht des Reiterleins. Mit diesem Stern ist fast die Grenze dessen erreicht, was das menschliche Auge im allgemeinen noch sehen kann. Sehr gute Augen machen noch lichtschwächere Sterne aus (bis zur 6. Größe).
Das Fernglas dagegen eröffnet uns den Blick auf eine Fülle weiterer Sterne. Um das Himmels-W, die Cassiopeia, beispielsweise steht ein Bogen von Sternen gleicher Helligkeit; etwas außerhalb dieser Linie finden wir das *Siebengestirn*, auch *Plejaden* genannt. Mit bloßem Auge sehen wir nur einen Lichtfleck, in dem wir sechs Sterne ausmachen können. Doch die Aufhellung um diese sechs Sterne läßt uns das Sternbild immer leicht wiederfinden.
Es ist auffällig, daß nur sechs Sterne gezählt werden. Die Sage berichtet, daß es einst sieben Geschwister gewesen seien, die in Streit gerieten. Deshalb

wanderte das Sternchen aus und ließ sich als Reiterlein auf dem Himmelswagen nieder. Schon die alten Germanen haben das auffällige und schöne Sternbild gekannt und benannt: „Glucke mit den sieben Küken."
Doch das gewöhnliche Fernglas zeigt uns unendlich viel mehr als sechs Sterne, ein mittleres Fernrohr einer Sternwarte gar Hunderte von Sternen, die zusammen dieses Sternbild bilden.
Die Entfernung dieses Siebengestirns ist von den Sternforschern, den *Astronomen,* bestimmt worden: Es ist über 400 Lichtjahre von uns entfernt. Das Licht, das wir demnach heute von diesem Sternbild ins Auge bekommen, ist über 400 Jahre unterwegs; es verließ diese Sterne zur Zeit der Reformation. Und das Licht, das heute dort abgeht, werden erst nach 400 Jahren unsere Nachkommen "sehen".

Die Himmelskugel

Langsam verblaßt alles, ein neuer Tag bricht an: Das strahlendste Gestirn, das dem Menschen erscheint, die *Sonne,* geht auf. Im Osten erscheint sie als glühender Ball über der jetzt scharf sichtbaren Kimm; schon vorher kündet von ihrem Kommen ein rotes Aufleuchten des Osthimmels.
Ist auch die Sonne ein Stern wie die anderen? Ist sie glühendheiß, da wir doch ihre Wärme hier auf der Erde so kräftig spüren?
Interessante Dinge werden wir von diesem Himmelskörper hören. Doch vorerst beobachten wir die Sonne einmal den ganzen Tag, um ihren Wanderweg zu erfassen.
Ihre Höhe über der Kimm wird immer größer, ihre Richtung immer östlicher, dann südlicher. Sie wandert also an der Himmelskugel, die auch bei Tage als riesige blaue Glocke über der Kimm zu stehen scheint. Sie steigt auf ihrer Wanderung immer höher, bis sie mittags im Süden steht und ihre größte Höhe über der Kimm erreicht hat. Im Laufe des Nachmittags und Abends sinkt sie dann weiterwandernd immer tiefer, bis sie im Nordwesten als roter Ball versinkt. Langsam wird es wieder dunkler, es dämmert, bis schließlich die ersten Sterne durchkommen und die Nacht wieder alle Farben auslöscht.
Wie die Sonne von Stunde zu Stunde ihre Lage an der Himmelskugel ändert, so tun es auch die Sterne. Jene, die im Osten in der Nähe der Kimm stehen, wenn es dunkel wird, steigen im Laufe der Nacht höher, stehen um Mitternacht hoch im Süden. Immer neue Sterne kommen im Osten hoch, während die anderen im Westen versinken. Eine ganze sternbesetzte Himmels*kugel* scheint sich zu drehen. Nur ein Stern steht unveränderlich da, die ganze Nacht fast an derselben Stelle: der Nordstern.
Es ist, als ob sich die ganze Kugel um eine Achse dreht, die durch unseren Standort zum Polarstern führt, die *Achse der Welt.*
Richten wir einen gewöhnlichen Fotoapparat auf den Nordstern und seine Umgebung und belichten die ganze Nacht hindurch, so zeichnen die Sterne auf den lichtempfindlichen Film Kreise um den Nordstern.
Daß sich Sonne, Mond und Sterne um den Beobachter auf der Erde drehen sollen, ist zwar ein berauschender Gedanke, der erste Gedanke eines Menschen, der die Natur aufmerksam beobachtet, die Auffassung der einfachen

Hirtenstämme des Altertums, der primitiven Menschen weit zurückliegender Zeiträume. Es ist der Gedanke eines Menschen, der sich für die Krone der Schöpfung hält. Doch Jahrhunderte geistiger Entwicklung, forschenden Vordringens haben dieses Weltbild verändert, haben den Menschen aus dem Mittelpunkt der Welt herausgehoben, ihn entthront. Mensch und Erde sind nicht Mittelpunkt der Welt, um den alle Himmelskörper ihre Bahnen ziehen müssen. Die Erde ist nur eine kleine sich drehende Kugel im großen Weltraum, dessen Grenzen der forschende Mensch niemals erreichen wird. Und der Mensch auf dieser kleinen Kugel Erde sieht im Laufe einer Umdrehung seiner Kugel – diese Zeit nennt er einen Tag – die Sterne nur in immer anderen Richtungen und Höhen.

Die Erde rund? Eine Kugel? Die sich dreht? Ja, kann man denn das alles beweisen? Immer reichlicher türmen sich die Fragen auf, die wir lösen wollen. Denken wir an die Beobachtung auf See: Wir machen vom Ausguck aus einen Dampfer aus. Was sehen wir zuerst? Die Mastspitzen, dann die Aufbauten, dann erst das ganze Schiff. Das kann man sich nur dadurch erklären, daß die Erde keine flache Scheibe ist, die an der Kimm abschließt, sondern eine Kugel (Abb. 15).

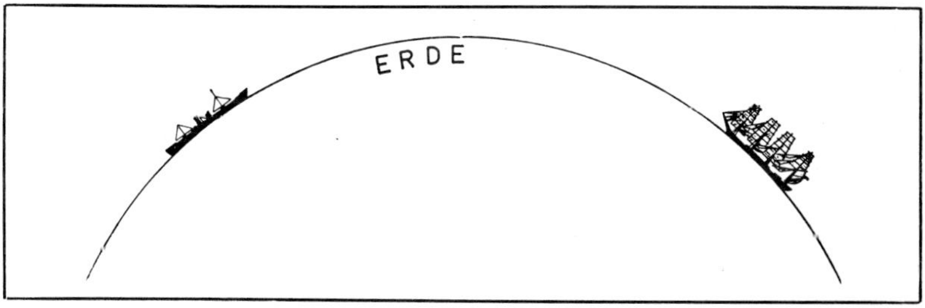

Abb. 15 Krümmung der Erdoberfläche

Unser Gesichtsfeld umschließt nur einen sehr kleinen Teil der Erdoberfläche (Abb. 16). Selbst die höchsten Berge der Küste verschwinden in der Kimm, wenn wir uns von ihnen entfernen. Und dann kann kein noch so gutes Glas sie uns wieder sichtbar machen.

Steigen wir mit dem Ballon oder mit dem Flugzeug auf, so weitet sich das Gesichtsfeld, aber immer bleibt es von einer Kreislinie begrenzt.

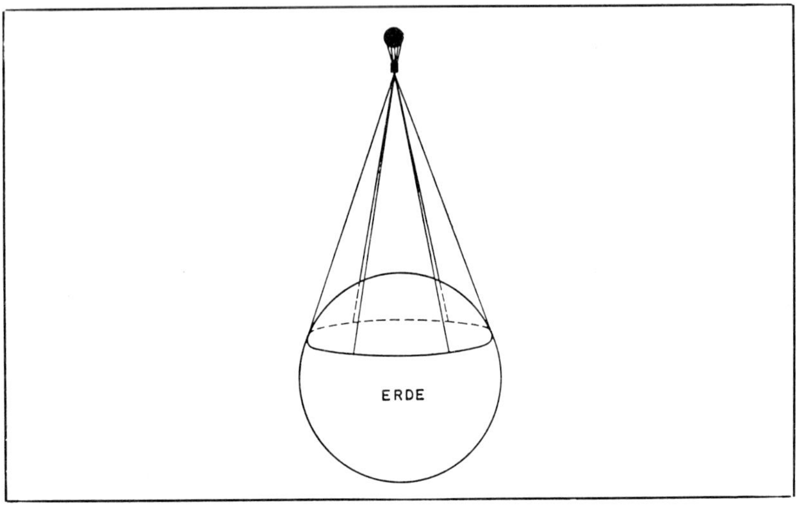

Abb. 16 Größe des Gesichtsfeldes

Ich brauche nur an die Weltumseglungen zu erinnern, um noch einmal die Kugelgestalt der Erde klarzumachen.
Aber nicht nur die Erde ist eine Kugel, auch die Sonne. Wie eine große Scheibe steht sie am Himmel, kreisförmig begrenzt. Die Beobachtug der Sonnenflecken wird uns später lehren, daß sie eine Kugel ist, daß wir sie von allen Seiten zu sehen bekommen, da sie sich um ihre Achse dreht. Und bei dem Mond können wir die Kugelform mit eigenen Augen sehen.

Suchlinien am Himmel

Eine Reihe von Zeichnungen soll dazu dienen, weitere Sternbilder und markante Sterne am Himmel zu finden. Das Beispiel Himmelswagen–Nordstern zeigte uns schon, wie wir durch Linien am Himmel – sogenannte *Suchlinien* – von einem uns geläufigen Sternbild zu weiteren Sternen gelangen können. Ich mache zugleich auf die *Helligkeit* und *Farbe* der Sterne aufmerksam, die

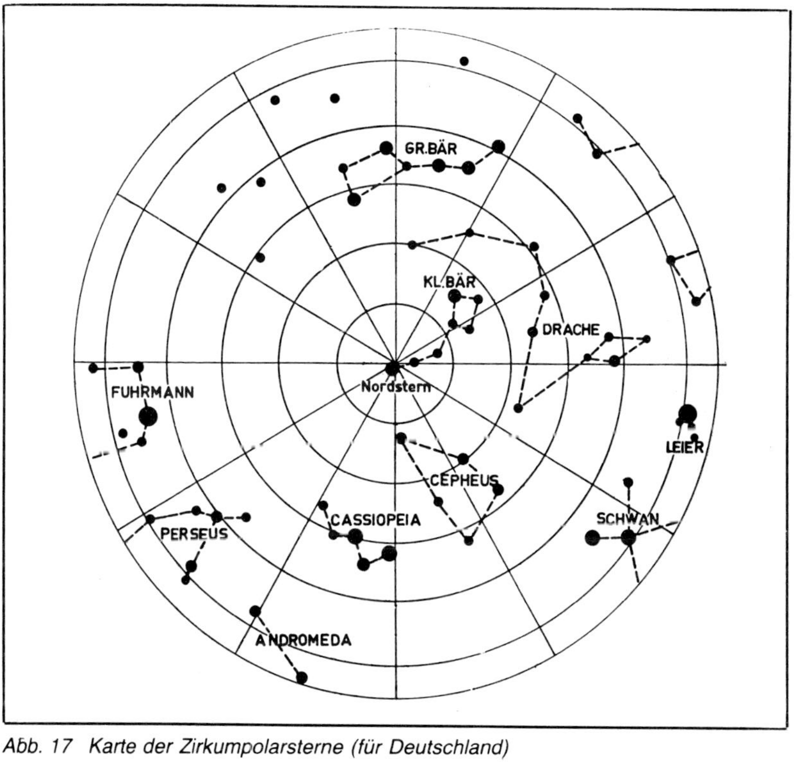

Abb. 17 Karte der Zirkumpolarsterne (für Deutschland)

wichtige Hilfsmittel zum Auffinden und Wiedererkennen sind (besonders bei teilweise bewölktem Himmel).

Zirkumpolarsterne

Der Himmelswagen kreist um den Nordstern und ist – in Deutschland – das ganze Jahr hindurch am Himmel zu finden. Alle Sterne, die um den Polarstern herumlaufend das ganze Jahr hindurch zu jeder Nachtzeit gesehen werden können, nennen wir *Zirkumpolarsterne*. Zu diesen gehören noch weitere (Abb. 17).

Zunächst: Zwischen Großem und Kleinem Bär hindurch zieht sich eine lange Sternreihe (nicht sehr ausdrucksvoll) hindurch. Das ist der *Drache*. Dem Himmelswagen gegenüber steht die uns schon bekannte Cassiopeia. Zwischen Cassiopeia und dem Himmelspol liegt der *Cepheus*, an seiner Rautenform leicht zu erkennen. (Abb. 18).

So wie Himmelswagen und Cassiopeia auf entgegengesetzten Seiten des Nordsterns liegen, so stehen auch die Sternbilder *Fuhrmann* und *Leier* an den

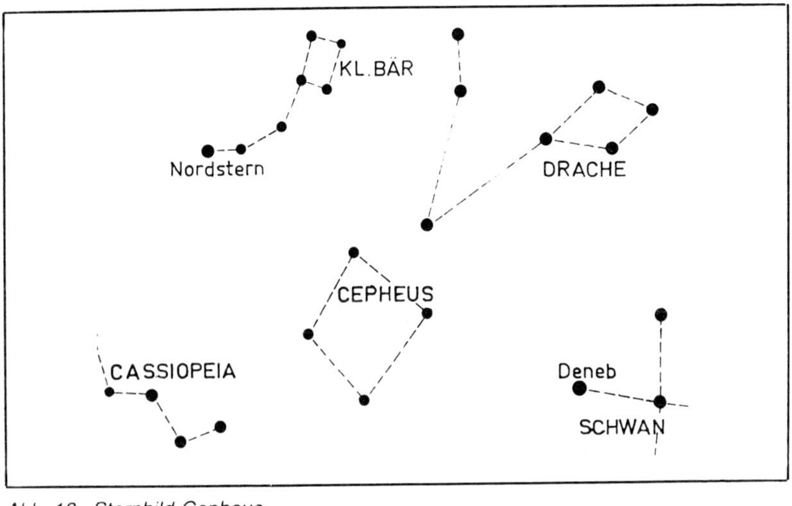

Abb. 18 Sternbild Cepheus

Enden einer geraden Linie durch den Nordstern, die zu der anderen senkrecht verläuft. Hauptstern der Leier ist die *Wega*, des Fuhrmannes die *Capella* (Abb. 19). In der Nähe der Capella finden wir den *Perseus*. An all diese helleuchtenden Sterne knüpfen sich Sagen der griechischen Götterwelt.

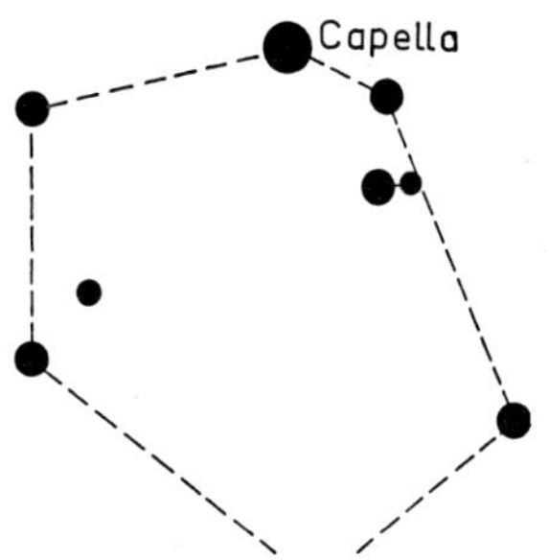

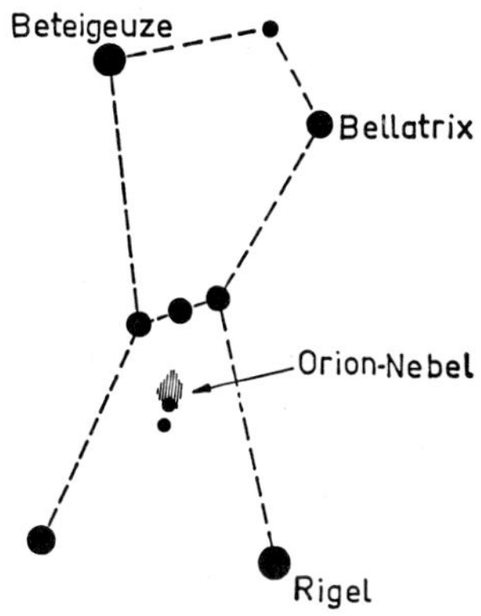

Abb. 19 Sternbild Fuhrmann mit dem Hauptstern Capella *Abb. 20 Sternbild Orion*

Wintersterne

Wer im Winter mit dem Sternsuchen beginnt, nimmt als Ausgangsbild den *Orion*, wohl das schönste aller Sternbilder überhaupt (Abb. 20). Man findet es immer sofort wieder. Gedeutet wurde es als ein gewaltiger Jäger, der gegen einen anstürmenden Stier kämpft.

Wer einmal in einem Planetarium war, in dem unabhängig vom Wetter durch Projektion auf eine Kuppel, die sich über dem Zuschauer wölbt, überwältigend naturgetreu die Illusion des gestirnten Himmels erzeugt wird, sah dort Lichtbilder, wie etwa das in Abb. 21, in dem der Jäger Orion mit seinen beiden Hunden im Kampf gegen den Stier anschaulich dargestellt wird.

Diese Deutung der Sternbilder durch Sagen geben einen guten Anhalt beim Aufsuchen neuer Sterne.

Abb. 21 Die Wintersternbilder in griechischer Deutung

Besonders auffallend an diesem Sternbild unserer Breiten sind die drei *Gürtelsterne*, die im Volksmund *Jakobstab*, am Rhein auch *Rechen* heißen. Unterhalb dieses Gürtels finden wir das *Schwertgehänge*. In dieser Sternfolge erkennt man in klaren mondlosen Nächten bei dem mittleren Stern einen lichten Fleck. Es ist der *Orionnebel*, der uns noch beschäftigen wird.
Die hellsten Sterne des Orions sind der rechte Schulterstern *Beteigeuze* und der Stern, der den linken Fuß des Jägers darstellt, *Rigel*.
Bei der Beobachtung dieser Sterne fällt auf, daß die Beteigeuze rötliches Licht aussendet; ganz anders als der *Sirius*, der bläulich-weiß glänzend funkelt.

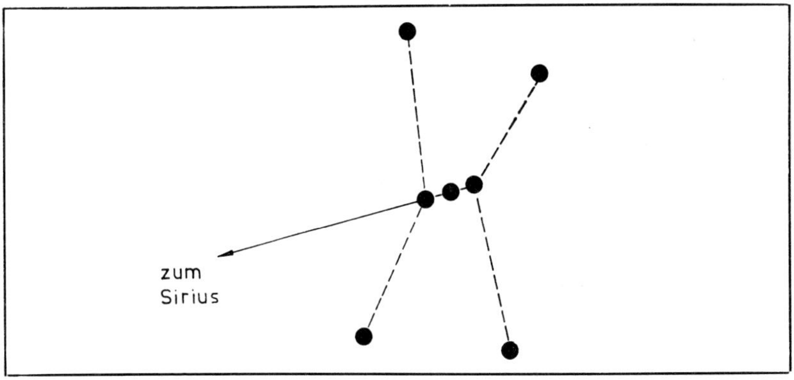

Abb. 22 Lage des Sirius

Wir finden den Sirius vom Orion aus durch Verlängerung der Gürtellinie zur Seite des Gehänges hin (Abb. 22). Er steht im Sternbild des *Großen Hundes* und ist der hellste der Sterne, die wir bisher beobachteten.
Ganz anders gefärbt ist der Stern, den wir durch Verlängerung der Gürtelsternlinie zur anderen Seite finden, Richtung Plejaden oder Siebengestirn: der rötliche *Aldebaran*, der Alte Baron, wie der Seemann sagt (Abb. 23).

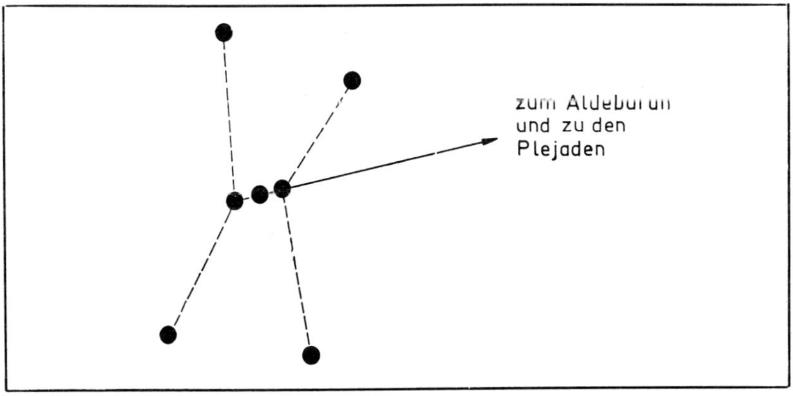

Abb. 23 Suchlinie Orion – Aldebaran

Für die alten Völker war dieser Stern das Auge des *Stiers*, das aus Wut über den Angriff des Himmelsjägers Orion blutunterlaufen rot geworden ist. Wenn man vom Alten Baron redet, sollte man sein Erröten freilich anders erklären, denn er steigt, wie sich jeder überzeugen kann, soeben der Mädchenschar der Plejaden nach... Unsere Suchlinie führt nämlich über den Aldebaran zum Siebengestirn.

Noch weitere schöne helle Sterne stehen in der Nähe des Orions. Die Verlängerung der Schulterlinie liefert den *Procyon* im Sternbild des *Kleinen Hundes*, der zusammen mit dem Großen Hund (Sirius) dem Himmelsjäger Orion folgt (Abb. 24).

Beteigeuze, der linke Schulterstern des Orions, Sirius im Großen Hund und Procyon im Kleinen Hund bilden ein auffallendes gleichseitiges Dreieck, das *Winterdreieck*. Es ist fast noch auffälliger als der Orion und daher zur ersten Orientierung am Winterhimmel sehr geeignet.

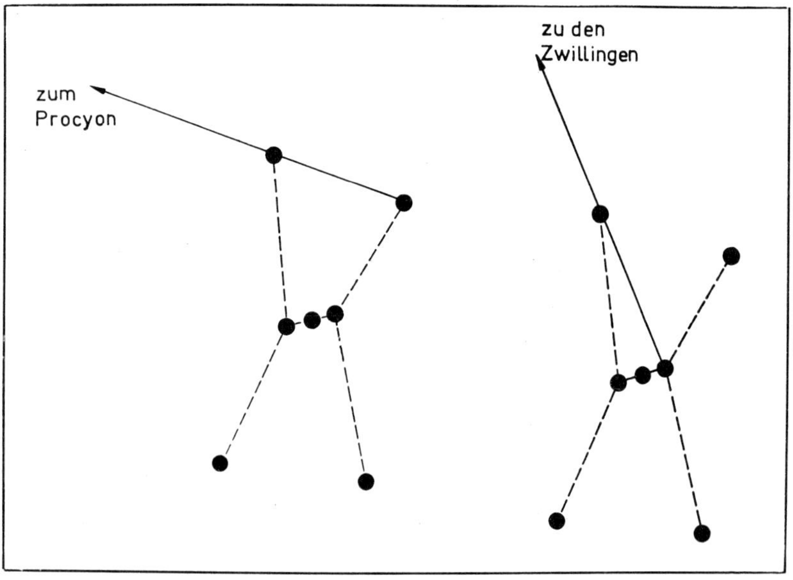

Abb. 24 Suchlinie Orion – Procyon *Abb. 25 Suchlinie Orion – Zwillinge*

Gehe ich von dem oberen Gürtelstern zum linken Schulterstern und in dieser Richtung weiter, komme ich zum *Castor*, einem der *Zwillinge* Castor und *Pollux*, die auch immer leicht wiedergefunden werden können (Abb. 25).

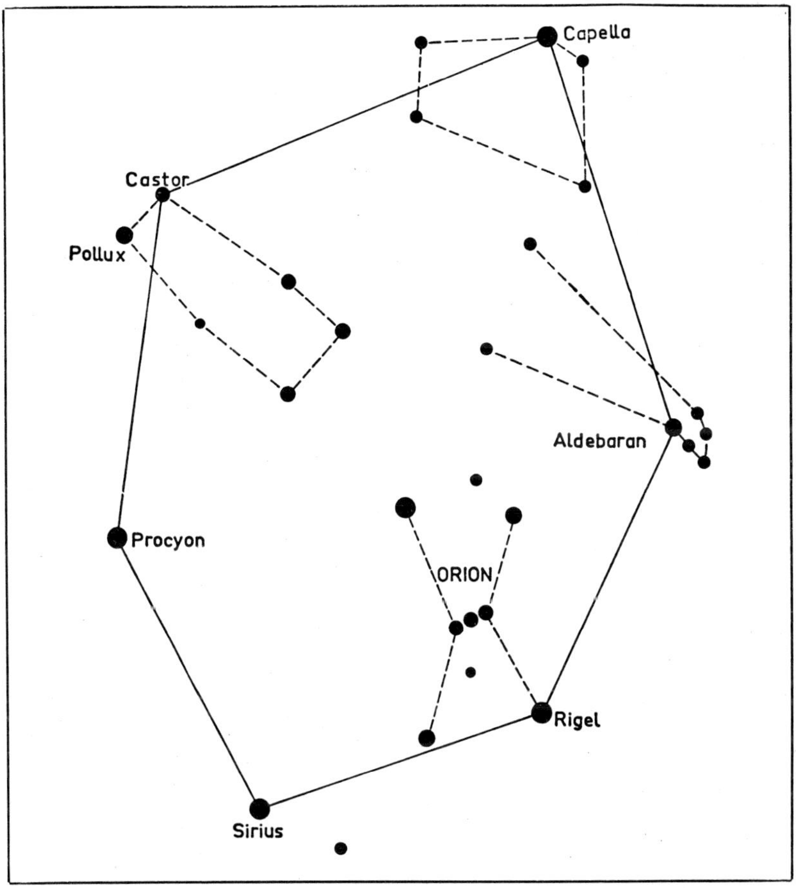

Abb. 26 Das große Sechseck

Diese Zwillinge stehen etwa in der Mitte zwischen dem Kleinen Hund und dem Fuhrmann, dessen hellsten Stern Capella wir schon vom Himmelswagen aus ausmachten.
Capella finden wir auch, wenn wir Rigel, den rechten Fußstern des Orions, mit dem Nordstern verbinden. Oder den Aldebaran mit einem Stern der Deichsel des Himmelswagens.
Capella, Aldebaran, Rigel, Sirius, Procyon und Castor bilden das *große Sechseck* (Abb. 26).
Verfolgen wir die Verbindungslinie der Schultersterne des Orions, deren Verlängerung uns den Procyon zeigt, weiter, so kommen wir zum *Regulus*, zu deutsch Königsstern, im Sternbild des *Löwen* (Abb. 27), den wir auch finden können, wenn wir vom Aldebaran mitten zwischen den Zwillingen hindurchstoßen.

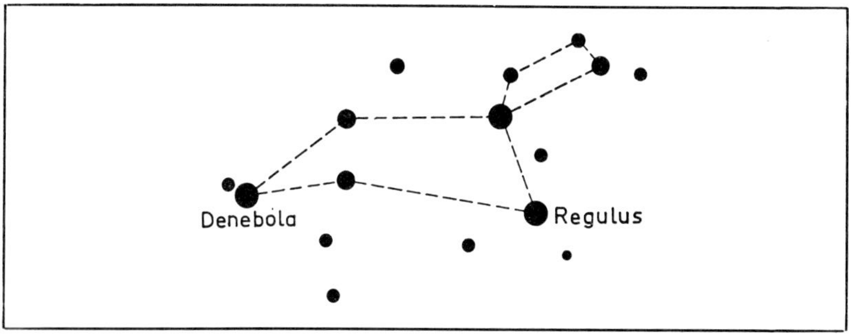

Abb. 27 Sternbild Löwe mit Regulus

Zwischen Pollux und Regulus sehen wir einen hellen Fleck, den Sternhaufen *Präsepe*, die *Krippe*. Präsepe gehört zu dem unscheinbaren Sternbild des *Krebses*.
Alle diese Sterne gehen bei uns auf und unter, gehören also nicht zu den Zirkumpolarsternen; sie sind auch nicht zu jeder Jahreszeit zu sehen. Während in den Wintermonaten der Orion das leuchtende Sternbild der Abende ist, sind zu anderen Jahreszeiten andere Sternbilder die Ausgangspunkte unserer Sucharbeit.

Frühlingssterne

Während der Orion Abend für Abend weiter im Westen steht, beginnt der Löwe (Abb. 27) das beherrschende Sternbild im Süden zu werden. Mit einiger Phantasie kann man aus dieser Sternfolge wohl einen ruhenden Löwen erkennen. Der Hauptstern Regulus bildet die Vorderpranke.
Die Lage des Löwen zum Himmelswagen zeigt Abb. 28. Sie zeigt noch mehr: Verlängert man die Deichsellinie des Himmelswagens in ihrem natürlichen Schwung nach unten weiter, trifft man nach zweifacher Verlängerung den fast orangefarben leuchtenden *Arcturus*, der beinahe dieselbe Helligkeit hat wie Sirius, Capella und Wega. Arcturus ist ein Riesenstern, dessen Durchmesser 23mal so groß und dessen Leuchtkraft 200mal so groß ist wie die unserer Sonne.
Arcturus bedeutet „Wächter des Bären". Er gehört zum Sternbild *Bootes* oder *Bärenhüter*. In der Nähe unserer Suchlinie hebt sich das Halbrund der

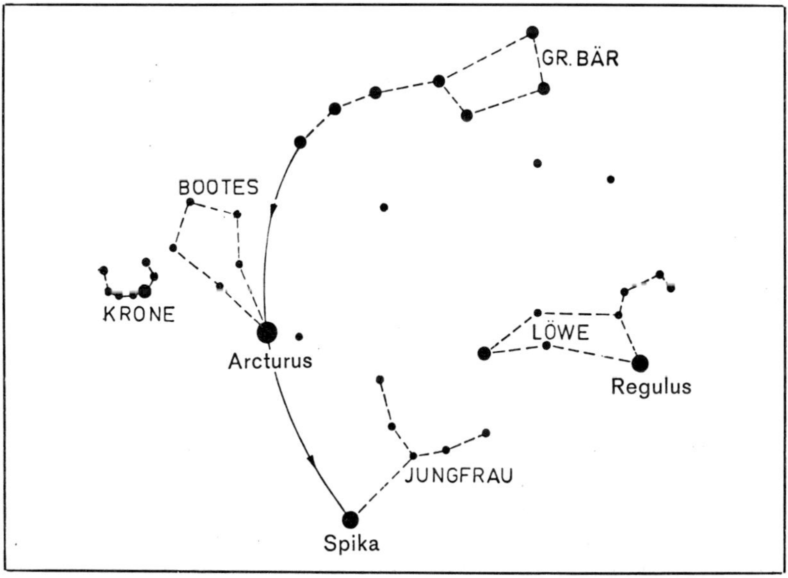

Abb. 28 Die Sternbilder Löwe, Bootes und Jungfrau

Nördlichen Krone (Corona borealis) mit dem funkelnden Mittelstern *Gemma* (Edelstein) leicht erkennbar ab.
Verfolgen wir die Suchlinie in derselben Krümmung über den Arcturus hinaus weiter, so treffen wir in demselben Abstand die *Spika* im Sternbild der *Jungfrau*.
Regulus, Arcturus und Polarstern bilden ein nahezu gleichseitiges Dreieck, das den Himmelswagen einschließt.
Verbinden wir Arcturus und Spika und errichten auf dieser Linie ein gleichschenkliges Dreieck, so ist der Regulus dessen Spitze.
Zwischen Himmelswagen, Löwen und Bootes beachten wir das zarte Sternbild *Haar der Berenice*.

Sommersterne

Verfolgen wir die Milchstraße vom Himmels-W, der Cassiopeia, aus bis zu der auffallenden Verzweigungsstelle. Nahe dieser Stelle steht ein strahlender

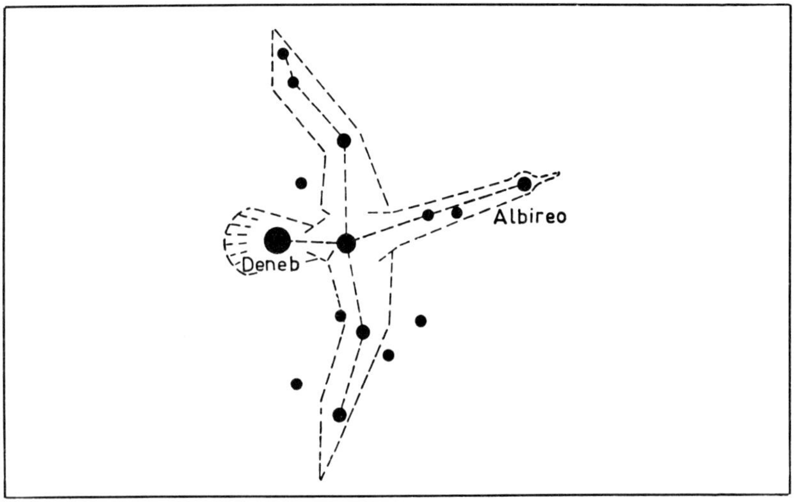

Abb. 29 Sternbild Schwan mit dem Hauptstern Deneb

Stern, der *Deneb*, im Sternbild des *Schwans*. Dieses Sternbild heißt auch *Kreuz des Nordens*; als Kreuz ist es am leichtesten auszumachen. Deneb bedeutet eigentlich Schwanz. Abb. 29 zeigt, wie die Alten in diesem Sternbild einen fliegenden Schwan erkannten.

Im südlichen Arm der Milchstraße nach der Teilung liegt *Atair* im Sternbild des *Adlers*.

Nördlich der Milchstraße, etwa ebenso weit vom Nordstern entfernt wie der Deneb, steht ein weißbläulich strahlender Stern erster Größe, die Wega im Sternbild der Leier, einer der hellsten Sterne des Nordhimmels (Abb. 30). Das etwas unscheinbare Sternbild der Leier ist durch seinen Ringnebel berühmt, der etwa in der Mitte der hintersten beiden Sterne des Vierecks, das die Leier vorstellen soll, im Fernrohr sichtbar wird und der uns später wichtig sein wird.

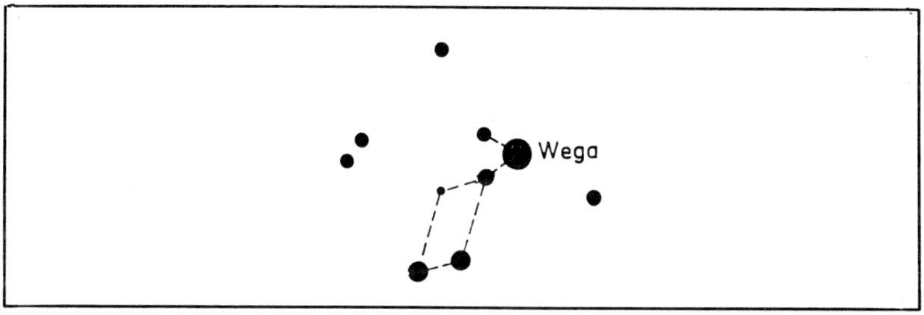

Abb. 30 Sternbild Leier mit dem Hauptstern Wega

Wir wissen bereits, daß Wega und Capella an den Endpunkten eines Kreuzes mit dem Nordstern als Kreuzungspunkt liegen, dessen anderer Arm vom Himmelswagen und der Cassiopeia gebildet wird. Diese Suchlinien liefern uns einige, (die schönsten) hellen Sterne, aber natürlich lange nicht alle. Wer weitere finden will, muß sich Sternkarten anschaffen.

Es werden im Sommer bei uns auch Sternbilder sichtbar, die ich als eigentliche Sternbilder des Südhimmels später erklären werde, wenn wir den Äquator überschritten haben, wie der *Antares* im *Skorpion*.

Herbststernbilder

Abb. 31 zeigt einen schönen Sternzug, den man *Fünfer-Reihe* nennt: Sie legt sich um die Cassiopeia herum. Die fünf Sterne folgen in fast gleichen Abständen und sind gleich hell. Der erste, den wir von der Capella aus dem Band der Milchstraße folgend treffen, ist der *Algenib* im Sternbild des Perseus. Geht man in sternklaren Nächten vom Perseus zur Cassiopeia, so befindet man sich in dem schönsten Teil der Milchstraße. In der Mitte zwischen den beiden Sternen liegen zwei schwach leuchtende Wölkchen, zwei Sternhaufen, von denen wir später noch hören werden.
Der eigentümlichste Stern des Bildes Perseus ist der *Algol*. Seine Helligkeit

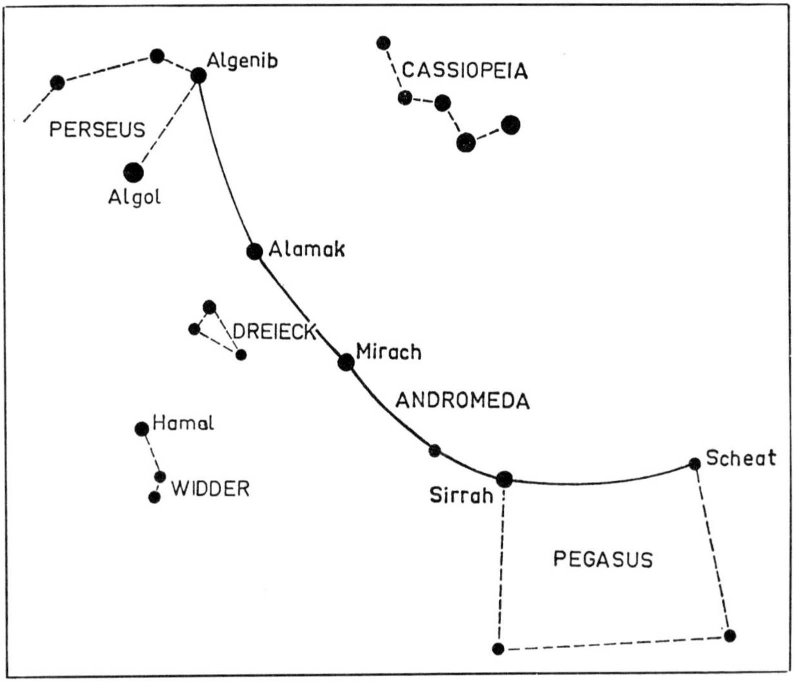

Abb. 31 Die Fünfer-Reihe

schwankt in gewissen Perioden, auf die wir noch zurückkommen. Das Perseus-Sternbild ist bekannt durch die Sternschnuppenschwärme, die alljährlich aus seiner Richtung herankommen.
Der nächste Stern der Fünfer-Reihe gehört schon zum Sternbild der *Andromeda*. Legt man um den mittleren der Sterne dieses Sternbildes, also den dritten der Fünfer-Reihe, *Mirach*, einen Kreis (Abb. 32), so liegt auf diesem Kreis zur Milchstraße hin ein schwach leuchtendes längliches Wölkchen, eines der interessantesten Objekte unserer Himmelsbetrachtung: der *Andromedanebel* (Abb. 140). Es handelt sich dabei um einen der uns nächsten bekannten Spiralnebel. Sein Licht kommt aus der unfaßbaren Entfernung von mehr als zwei Millionen Lichtjahren.

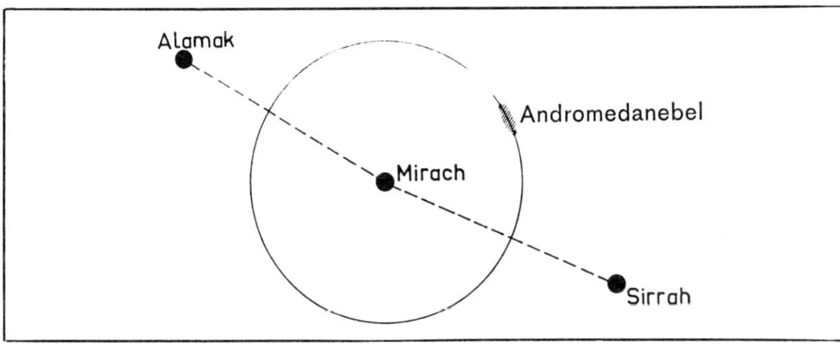

Abb. 32 Lage des Andromedanebels

Die letzten beiden Sterne der Fünfer-Gruppe gehören zum Sternbild des *Pegasus*, dessen Viereck unterhalb der Cassiopeia sicher schon aufgefallen ist.
Gehe ich von der Cassiopeia über den ersten Stern der Andromeda weiter, treffe ich das auffällige Sternbild *Dreieck* und dann den hellsten Stern des *Widders* (Abb. 31). Auch die Verlängerung der Verbindungslinie Beteigeuze (Orion) – Aldebaran (Stier) führt auf diesen Stern.
Der Navigator weiß, wie wichtig für den Astronomen der sogenannte *Frühlingspunkt* ist, das heißt die Stelle am Himmel, an der die Sonne bei Frühlingsanfang steht. Der Frühlingspunkt liegt im Sternbild der *Fische*. Es gibt an

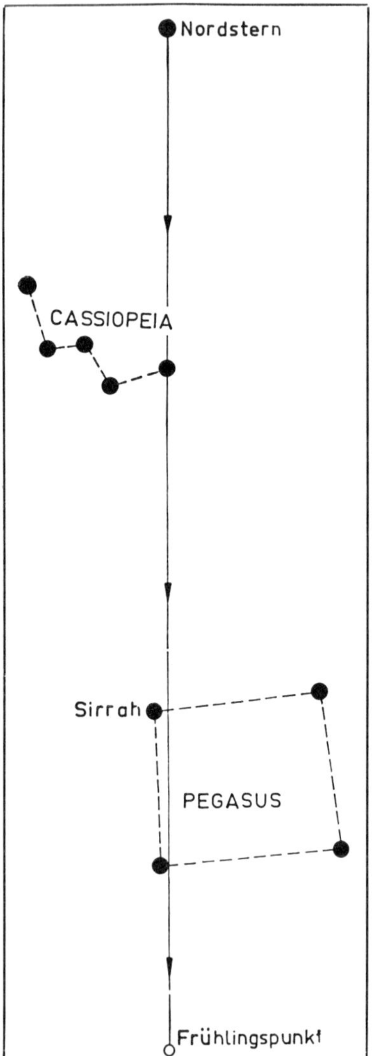

dieser Stelle aber keinen auffälligen Stern. Wir finden sie am besten im Herbst, wenn die Sonne hier nicht steht: Wir gehen vom Polarstern zum letzten Stern des Himmels-W. Um dasselbe Stück in dieser Richtung weiter steht ein Stern des Pegasus-Vierecks, die *Sirrah*; noch einmal um dasselbe Stück weiter in derselben Richtung liegt der Frühlingspunkt (Abb. 33).
Dieser Punkt heißt auch *Widderpunkt*, das astronomische Zeichen dafür ist ♈.
In Abb. 34 sind die Hauptsterne in die Milchstraße eingezeichnet.

Damit wollen wir unseren Rundgang durch die Sternbilder beschließen, die auf Nordbreite die Hauptzierde des Sternhimmels bilden. Natürlich sollen wir nicht alle diese Sterne an einem Abend suchen und finden, sie sind ja nicht einmal alle gleichzeitig am Himmel zu sehen. Es soll Schritt für Schritt der Himmel erobert werden, und dafür stellte ich hier die Hauptstützen zusammen. Der Beobachter an Land kauft sich eine drehbare Sternkarte, die für seine geographische Breite entworfen ist, stellt Datum und Beobachtungszeit ein und hat nun alles richtungsrichtig vor sich, was er sehen muß.

Abb. 33 Wie finde ich den Frühlingspunkt?

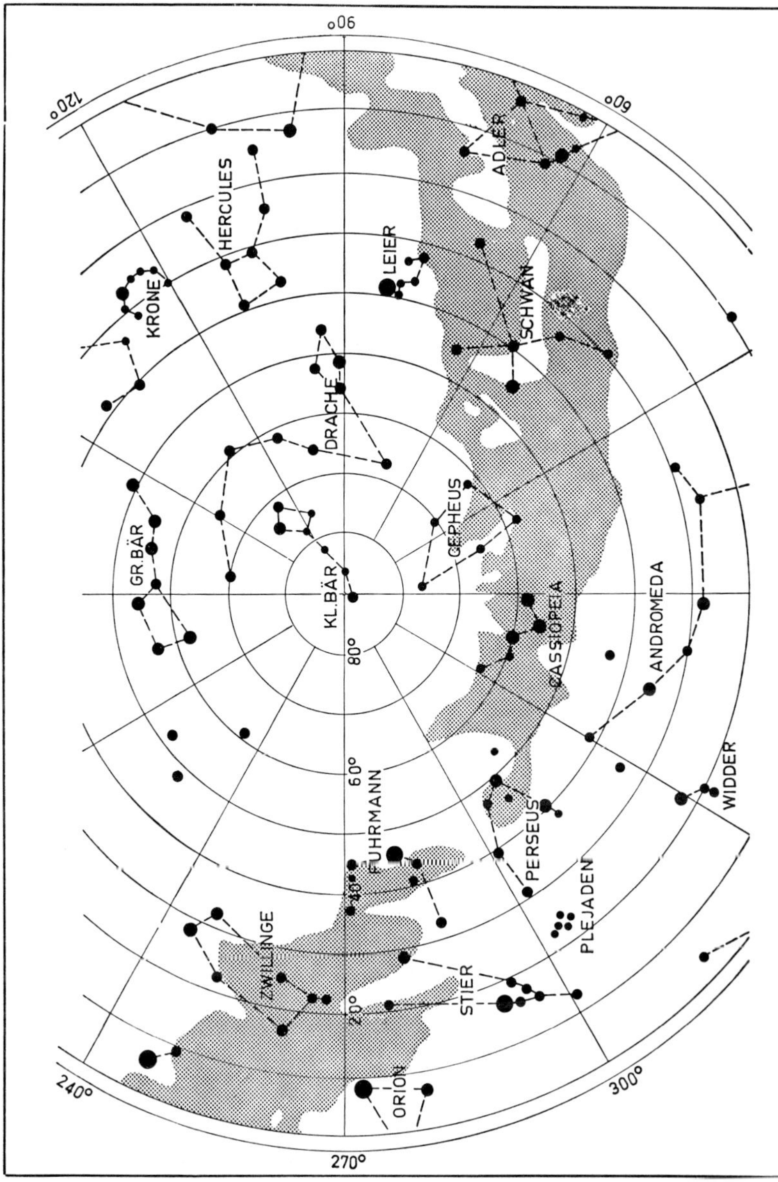

Abb. 34 Die Milchstraße mit ihren Hauptsternen

Kieker her!

Jetzt nehmen wir einmal ein Glas mit nach draußen. Zuerst ein Blick zum Reiter auf dem Deichselstern des Himmelswagens. Deutlich sehen wir Mizar und Alkor getrennt. Nun zu der Sternversammlung der Plejaden: Wir machen viel mehr als sechs Sterne aus. Mehrere hundert erkennt man durch das große Fernrohr der Sternwarte. Es handelt sich um einen sogenannten offenen Sternhaufen, von denen heute schon sehr viele bekannt sind.
Sogar Doppelsternhaufen gibt es. Schauen wir zu der Stelle mitten zwischen Cassiopeia und Perseus. Wo das bloße Auge nur eine Aufhellung wahrnimmt, sieht man im Fernrohr zwei benachbarte Sternhaufen, die diese eine Aufhellung schufen. In der Mitte eines derartigen Sternhaufens stehen die Sterne so dicht, daß man keine einzelnen mehr erkennen kann.
Von ganz anderer Natur ist das Nebelgebilde im Wintersternbild Orion am mittleren Stern des Schwertgehänges am Gürtel des Himmelsjägers. Hier handelt es sich nicht um eine Anhäufung von Sternen, sondern um einen Gasnebel, ein gewaltig gärendes Chaos, auf das wir später ein modernes Riesenfernrohr richten wollen.
Durchmustern wir noch einmal das schimmernde Band der Milchstraße: Es löst sich im Glas in tausend und abertausend Sterne auf.
Eine ähnliche Ansammlung schimmernder Sterne wie die Milchstraße ist der Andromedanebel, den wir als hellen Fleck nahe dem Mittelstern der Andromeda fanden.
Jetzt betrachten wir einen Stern, der in keines der soeben beschriebenen Sternbilder paßt, obgleich er heller als der Sirius ist. Sein Bild ist im Feldstecher kein Funkelstern, sondern eine mattleuchtende kleine Scheibe, kein Punkt wie all die anderen, auch die hellsten Sterne. Wir finden diesen Stern in der Tat in keiner Sternkarte, er ist ein *Planet*, ein Wandelstern, der zwar nicht schnell, aber spürbar seine Stellung zu den benachbarten Sternen ändert. Diesen Planeten müssen wir besondere Aufmerksamkeit widmen, denn sie sind unsere unmittelbaren „Nachbarn“ am Himmel, sind gleich der Erde Begleiter der Sonne.

Die Sonnenbahnen in den verschiedenen Jahreszeiten

Ordnen wir einmal unsere Beobachtungen der Sonnenbahnen, wie wir sie in den verschiedenen Jahreszeiten an derselben Stelle der Erde machten.
Täglich geht die Sonne im Osten auf, etwa zwischen NO und SO, das heißt, sie erscheint über dem Horizont, wandert nach rechts (rechts für den nach Osten blickenden Beobachter) und erreicht mittags ihren höchsten Stand, um dann nachmittags weiterwandernd zu sinken, bis sie in westlicher Richtung – zwischen NW und SW – untergeht.
In Abb. 35 steht im Süden eine Linie senkrecht auf der Kimm. Diese Senkrechte, ein Teil eines Kreises auf der Himmelskugel vom Zenit zum Südpunkt, heißt *Himmelsmeridian* oder *Mittagslinie*, weil die Sonne beim Passieren derselben ihren höchsten Stand erreicht hat, *Mittag* erreicht ist.

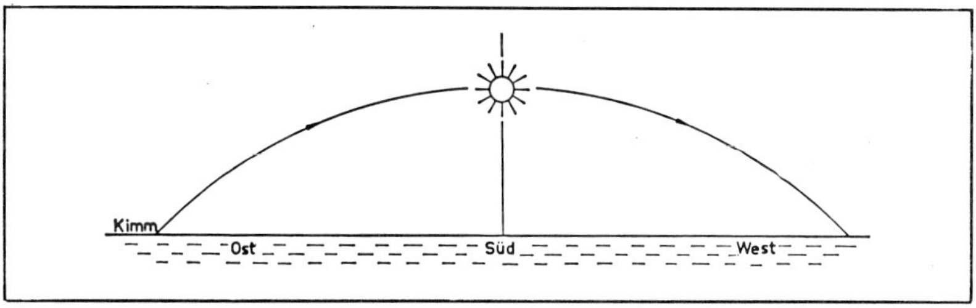

Abb. 35 Die tägliche Sonnenbahn über der Kimm

Natürlich legt sich die Sonne im Westen nicht zur Koje, sondern ihr Weg geht in demselben Sinne weiter, ohne daß wir sie sehen. Bei uns ist nun *Nacht*. Befindet sie sich im tiefsten Punkt ihres Weges, dann ist *Mitternacht*. Sie steht dann im Norden, um anschließend wieder aufzusteigen, im Osten aufgehend. Die Bahn der Sonne ist wie die aller Sterne ein Kreis, der gegen die Kimm geneigt ist und senkrecht zur Weltachse steht. Den Gesamtkreis durchläuft die Sonne in einem Tag. Wir teilen diesen Tag in 24 *Stunden* ein, jede dieser

Stunden in 60 *Minuten*, jede Minute in 60 *Sekunden*. Die Zeit, in der die Sonne sichtbar ist, oder auch den Teil der Kreisbahn der Sonne, der über der Kimm steht, nennt man *Tagbogen* (Abb. 36), den Rest *Nachtbogen*.

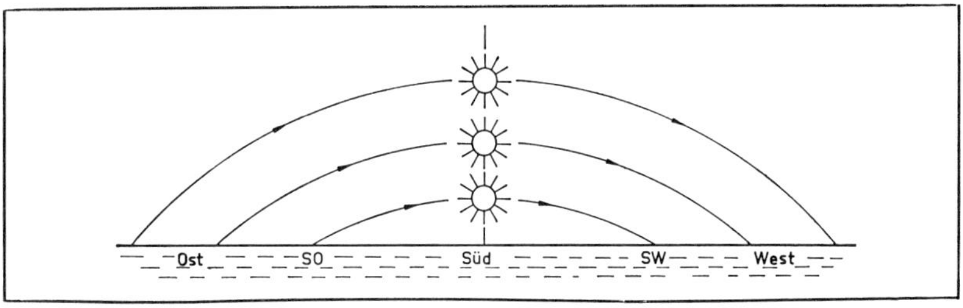

Abb. 36 Die verschiedenen Tagbögen der Sonne in verschiedenen Jahreszeiten

Stände die Sonne fest an der Himmelskugel, so müßte sie bei dem täglichen Umschwung immer wieder an derselben Stelle über der Kimm aufgehen, mittags immer dieselbe höchste Höhe haben und abends immer an derselben Stelle untergehen.

Das ist aber nicht der Fall. Bei uns geht die Sonne am 22. Dezember in SOlicher Richtung auf, der Tagbogen ist klein, nur etwa acht Stunden ist es hell, die Höhe, die die Sonne mittags erreicht, ist fast nur gleich einer Handbreite über der Kimm.

Von Tag zu Tag verschiebt sich dann aber der Aufgangspunkt der Sonne weiter nach Osten; wird die Mittagshöhe größer, wird die Tageslänge, genauer gesagt der Tagbogen, länger. Am 21. März geht die Sonne genau im Osten auf. Tag und Nacht sind gleich lang. Das ist der Tag der Frühlings-*Tagundnachtgleiche*.

Am 22. Juni hat die Sonne ihre nördlichste Ausgangsstelle erreicht, hat ihren längsten Tag- und ihren kürzesten Nachtbogen und die höchste mögliche Mittagshöhe. Dann ist der Tag 16 Stunden, die Nacht nur etwa acht Stunden lang. Und nun geht es wieder bergab. Am 23. September ist erneut Tagundnachtgleiche. Und immer südlicher liegt der Aufgangspunkt, bis die Sonne am 22. Dezember die Ausgangsstellung erreicht hat, ein *Jahr* abgelaufen ist.

Die Zeit von März bis Juni nennen wir *Frühling*, die Zeit vom 22. Juni bis zur Herbst-Tagundnachtgleiche *Sommer*, den Zeitraum bis zum 22. Dezember

Herbst und das letzte Vierteljahr bis zur Frühlings-Tagundnachtgleiche *Winter*. Die Erklärung für diese Ungleichheit der Tag- und Nachtbogen und das Wandern des Aufgangspunktes auf der Kimm finden wir in der Tatsache, daß die Sonne *kein* fester Punkt an der Himmelskugel ist, sondern sich selbst zwischen den Sternen bewegt. Und zwar in einer Kreisbahn, die in sich geschlossen im Laufe eines Jahres durchlaufen wird, so daß sich nach einem Jahr alle Vorgänge in derselben Folge wiederholen. Diese Sonnenbahn am Himmel heißt *Ekliptik*.
Wieder ist das nur scheinbar so, eine Täuschung des Menschen, der die Erde als ruhend empfindet. Wir werden sehen, daß in Wirklichkeit die Sonne das riesige Zentralgestirn ist, um das die Erde herumlaufen muß.
Abb. 37 zeigt drei tägliche Sonnenbahnen in einer etwas anderen Darstellungsart, als wir es bisher gewohnt waren. Der Grenzkreis stellt die Himmelskugel dar (die wir von einem Standort außerhalb der Himmelskugel aus

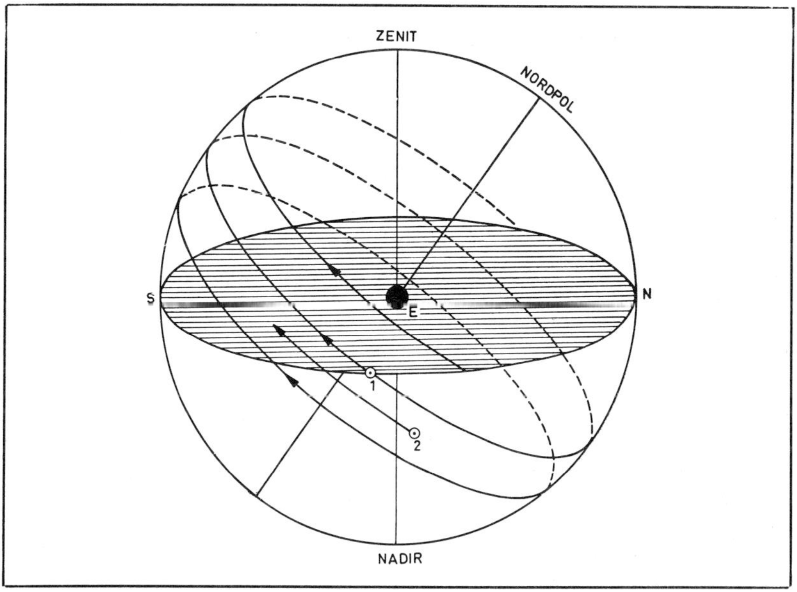

Abb. 37 Drei Sonnenbahnen

betrachten), die horizontale ovale Linie durch N und S die horizontale (waagerechte) Ebene für einen Beobachter, der sich, in der Mitte des Bildes stehend, auf der Erde befindet, die hier auf einen Punkt zusammengeschrumpft ist. N und S sind der Nord- und Südpunkt. Die Linie Zenit–Nordpunkt–Südpunkt ist der Himmelsmeridian. Auf ihm liegt der Nordstern als das Nordende der Weltachse, das wir *Nordpol* nennen. Um diesen Pol vollzieht sich der tägliche Umschwung des Himmels. Senkrecht zu dieser Weltachse stehen die drei eingezeichneten Sonnenbahnen. Die Pfeilspitzen an diesen Kreisen, die uns als ovale Linien, sogenannte Ellipsen erscheinen, geben den Bewegungssinn an, in dem sich die Sonne bei der täglichen Bewegung auf diesen Linien weiterbewegt.
Die Sonne befindet sich in der Stellung 1 (⊙1) in der Kimm, geht also gerade auf. Einige Zeit später steht sie nicht mehr an derselben Stelle des Himmels zwischen den Fixsternen, sondern an der Stelle 2, das heißt weiter ab vom Nordstern und gegen den Sinn der täglichen Drehung verschoben. Steigt ⊙2

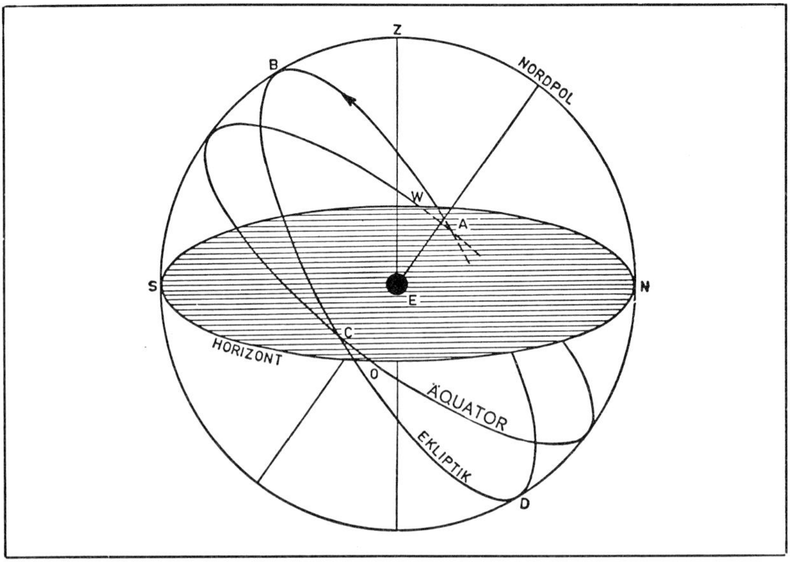

Abb. 38 Die Lage der Ekliptik

beim täglichen Umschwung der Himmelskugel höher, so wird sie in der Kimm südlicher und später auftauchen als ⊙1. Man mache sich das an weiteren Sonnenstellungen klar.

Verbinde ich alle Sonnenstellungen des Jahres am Himmel, so erhalte ich Abb. 38.

Dieser Kreis wird von der Sonne andersherum durchlaufen, als der tägliche Umschwung stattfindet.

Die einzelnen Tageswege der Sonne sind natürlich nicht gleich lang. Der Kreis, den die Sonne bei Frühlings- oder Herbstanfang durchläuft, ist der größtmögliche überhaupt, ein Kreis, der überall gleich weit vom Nord- und Südende der Weltachse – Nordpol und Südpol – entfernt ist. Wir nennen ihn *Himmelsäquator.* Dieser Himmelsäquator schneidet den Horizont in zwei Punkten: Ostpunkt und Westpunkt.

Gegen diesen Äquator ist die Ekliptik um 23,5° geneigt. Die Sonne steht also *im* Äquator in den Stellungen A und C in Abb. 38. Dann ist Frühlings- und Herbstanfang.

Ihre größte Abweichung vom Äquator tritt ein in den Punkten B und D. In B steht die Sonne bei Sommeranfang, in D bei Winteranfang.

Zeichnen wir zur Übung die tägliche Bahn der Sonne bei Sommer- und Winteranfang in die Abbildung ein, dann bestätigt sich, daß zum Beispiel bei Sommeranfang die Sonne ungefähr im NO aufgeht, die größtmögliche Mittagshöhe über dem Horizont erreicht usw. Je mehr wir uns mit dieser Zeichnung beschäftigen, um so eher werden wir Klarheit in diesen Begriffen bekommen.

Die Punkte B und D nennen wir *Sonnenwend*punkte und sprechen von einer Sommersonnenwende und Wintersonnenwende, weil die Sonne in diesem Punkte gewissermaßen die Tendenz vom Äquator weg mit der Tendenz zum Äquator hin vertauscht, sich hier also wieder zum Äquator hinwendet: entscheidende Augenblicke für das Leben auf der Erde. Wintersonnenwende und Sommersonnenwende sind daher alte Feste der Menschen.

Bitte noch einmal klarmachen: Die Sonne wandert selbst zwischen den Sternen, während sie von der täglichen Drehung mitgenommen wird. Sie führt also zweierlei Bewegungen gleichzeitig aus: die jährliche zwischen den Sternen und die tägliche um die Weltachse mit allen Sternen zusammen.

Der Betrag der Wanderung zwischen den Sternen an jedem Tag ist nicht sehr groß, wie wir leicht ausrechnen: Der ganze Himmel wird umlaufen in einem Jahr, also in 365 Tagen. An jedem Tag kann es sich also nur ungefähr um ein

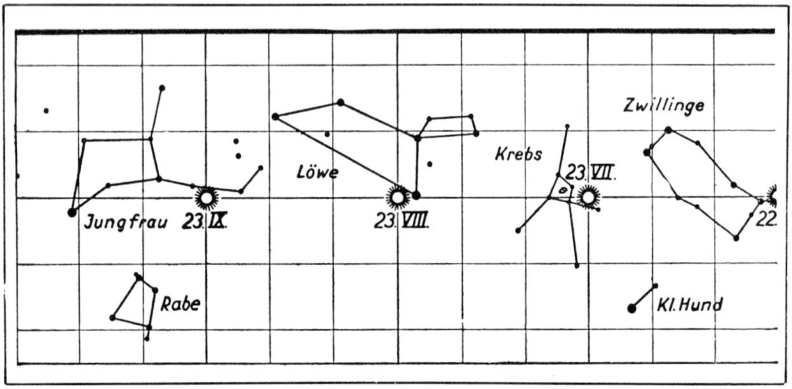

Grad handeln, das heißt nach unserem rohen Meßverfahren um eine halbe Fingerbreite. Das fällt uns in der Lage der Himmels-Sternbilder von Tag zu Tag noch nicht auf, aber von Monat zu Monat, von Vierteljahr zu Vierteljahr wird es spürbar. Steht die Sonne zum Beispiel im Sternbild des Stiers, in der Nähe der Plejaden, dann können wir dies Sternbild und seine Umgebung wegen der strahlenden Sonnenhelle nicht sehen. Sehr gut machen wir jedoch

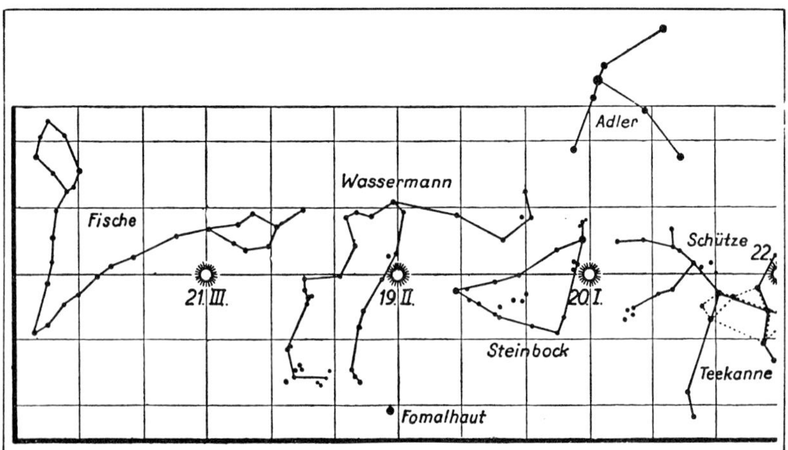

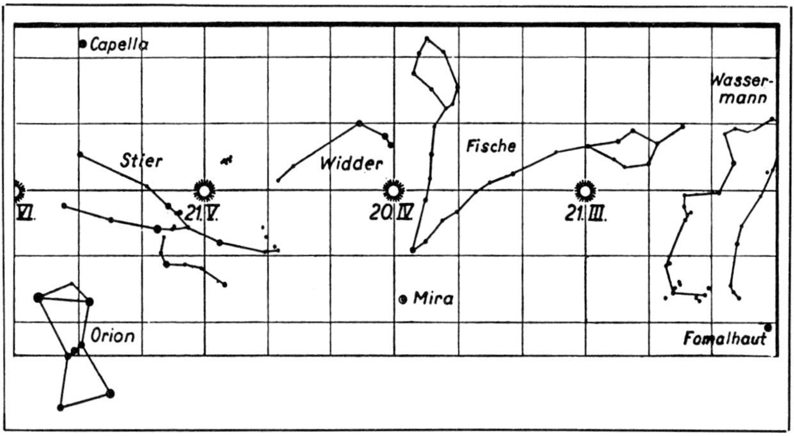

die diesem Sternbild am Himmel gerade gegenüberliegenden Sterne aus, die beim täglichen Umschwung des Sternenhimmels dann nachts sichtbar werden. Wandert die Sonne, so werden mit ihr also immer andere Sternbilder unsichtbar, immer andere wieder sichtbar. So kommt es, daß beispielsweise der Orion ein ausgesprochenes Wintersternbild ist und wieder andere nur im Sommer gesehen werden können.

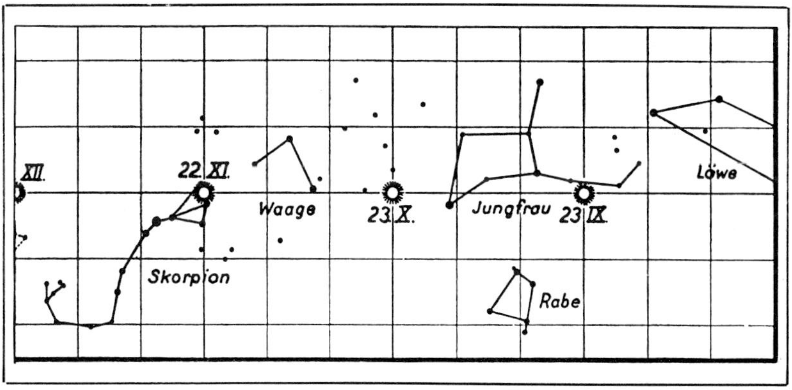

Die Sternbilder, durch die sich die Sonne im Laufe des Jahres hindurchbewegt, liegen alle um den Äquator herum. Es gehören dazu unter anderem auch die uns schon bekannten wie Widder, Zwillinge, Löwe, Jungfrau, nach denen wir also umgekehrt auch den sichtbaren Teil der Ekliptik jederzeit festlegen können. Die Ekliptik heißt auch *Tierkreis* (Zodiakus), weil die durchlaufenen Sternbilder meist Tiernamen haben. In folgender Reihenfolge werden sie von der Sonne durchlaufen (daneben die astronomischen Zeichen):

Widder	♈	Waage	♎
Stier	♉	Skorpion	♍
Zwillinge	♓	Schütze	♐
Krebs	♋	Steinbock	♑
Löwe	♌	Wassermann	♒
Jungfrau	♏	Fische	♊

Änderung der Breite

Auf der Reise nach Süden stellen wir fest, daß der Nordstern nicht mehr so hoch über der Kimm steht wie hierzulande; die Polhöhe, so können wir sagen, ist mit der abnehmenden geographischen Breite kleiner geworden. Zugleich damit muß der Himmelsäquator gestiegen sein; in der Tat sind die täglichen Bahnen der Sterne steiler geworden (Abb. 39).

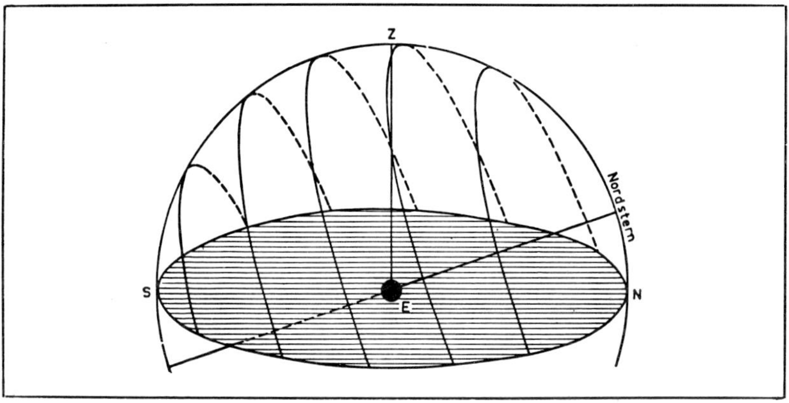

Abb. 39 Die täglichen Bahnen der Sterne auf 20° nördlicher Breite

Wir können nun schon voraussagen, wie das Bild in der tropischen Zone ausfallen wird: Der Nordstern und damit das Ende der Weltachse rückt immer weiter zur Kimm, bis schließlich der Nordstern in der Kimm liegt und mit dem Nordpunkt zusammenfällt (Abb. 40). Dann werden Äquator und alle Sternbahnen senkrecht zur Kimm stehen. Senkrecht steigt die Sonne auf, im oder nahe dem Scheitelpunkt erreicht sie ihren höchsten Punkt: Sie kulminiert, wie man auch sagt. Ebenso steil steigt sie wieder zur Kimm hinab. Tag- und Nachtbogen sind gleich lang. Punkt 6 Uhr geht die Sonne auf, Punkt 6 Uhr geht sie unter. Der Übergang von Tag zu Nacht ist kurz, da die Sonne sich schräg herabsinkend nicht lange in der Nähe der Kimm aufhält.

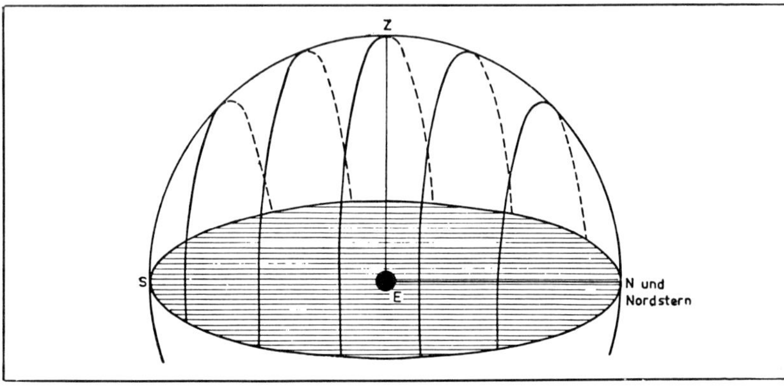

Abb. 40 Die täglichen Bahnen der Sterne am Äquator

Nun gibt es auch keine Zirkumpolarsterne mehr, alle Sterne müssen auf- und untergehen. Aber je weiter wir nach Süden kommen, desto mehr Sternbilder werden wir kennenlernen, die dort sichtbar werden.

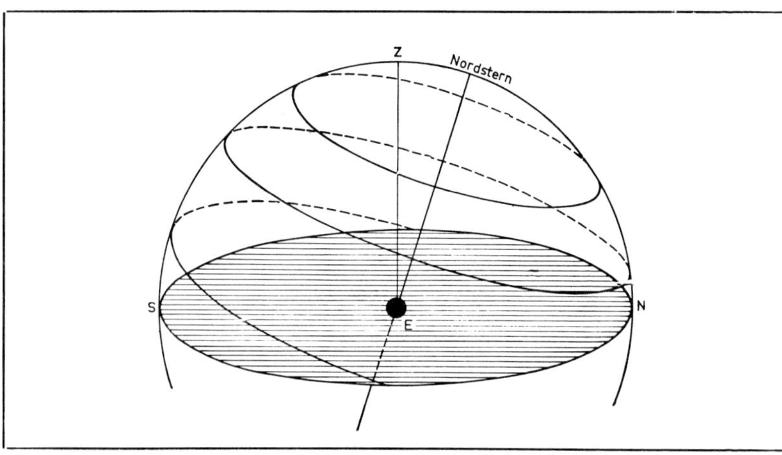

Abb. 41 Nahe dem Nordpol

Ganz anders, wenn wir weiter nach Norden, nach Narvik etwa oder weiter nach Spitzbergen, also dem Erdnordpol entgegenfahren. Immer mehr rückt der Nordstern in den Scheitel des Himmelsgewölbes (Abb. 41), immer flacher werden die Sternenbahnen, immer mehr Sterne werden zirkumpolar, immer größer die Tagbogen im Vergleich zu den Nachtbogen und umgekehrt.
Bei Spitzbergen ist der Nordstern dem Zenit schon recht nahe, am Nordpol selbst aber fallen Nordstern und Zenit zusammen (Abb. 42). Stets im gleichen Abstand von der Kimm ziehen die Sterne, niemals untergehend.
Schon am Nordkap können wir erleben, daß die Sonne auch um Mitternacht noch am Himmel steht: Der Tag dauert 24 Stunden! Das ist im Sommer der Fall. Abb. 43 zeigt die Mitternachtssonne am Nordkap.
Im Winter dagegen, im Dezember zum Beispiel, erscheint die Sonne überhaupt nicht mehr über der Kimm, auch im Süden nicht. Es tritt lange Nacht ein, die am Pol, wie man nun selbst weiterüberlegen kann, ein halbes Jahr dauern muß.
Der hier beobachtete Zusammenhang zwischen Höhe des Nordsterns über der Kimm und der geographischen Breite des Schiffsortes läßt uns schon ahnen, daß die Sterne der Schiffsortbestimmung nutzbar gemacht werden können.

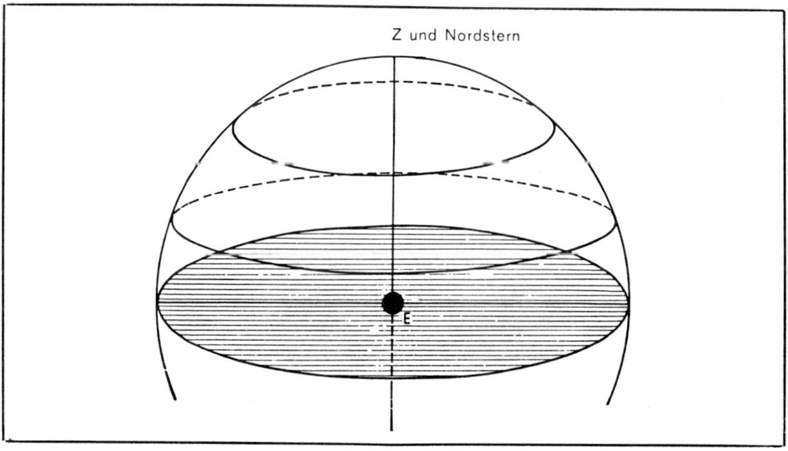

Abb. 42 Am Nordpol

Abb. 43 Mitternachtssonne

Bewegt sich der Himmel wirklich?

An einer Himmelskugel stehen die Fixsterne wie feste Marken, und diese Kugel mit ihren Sternen dreht sich vor unseren Augen um die Weltachse, in einem Tag eine Umdrehung vollendend.
Bewegt sich aber der Himmel tatsächlich? Oder unterliegen wir einer Täuschung, wie gelegentlich auf dem Bahnhof: Wir schauen zum Fenster des neben uns auf dem anderen Bahnsteig stehenden Zuges und meinen, daß dieser sich rückwärts in Bewegung setzt, während in Wirklichkeit unser Zug anfährt und der andere immer noch stillsteht. Und am Fenster des D-Zuges scheint die Landschaft an uns vorbeizurasen, während doch in Wahrheit wir an ihr vorbeirasen.
Beides sieht für uns gleich aus, wie auch alle Erscheinungen am Himmel ebenso aussehen würden, wenn er feststünde und die Erde sich im entgegengesetzten Sinne, also von West nach Ost um ihre Achse drehte.
Was ist nun wirklich? Kann man entscheiden, welche von beiden Vorstellungen stimmt?
Das können wir heute. Wir können nachweisen, daß die Erde sich dreht. Kreiselkompaß wie Ablenkung der Winde beweisen es. Ich werde später davon erzählen.
Wenn aber die Erde sich dreht, von West nach Ost, das heißt entgegen dem Uhrzeigersinn, dann muß die Sonne im Osten aufgehen und der ganze Tageslauf so eintreten, wie wir ihn beobachteten. Machen wir uns das genau klar!
Je weiter der Ort A in Abb. 44 kommt, desto steiler wird der Sonnenstrahl die Erde treffen. Schließlich wird es Mittag werden, während in B zur gleichen Zeit schon Abend ist. Einige Zeit später wird in A Abend sein, während in B bereits die Nacht eingetreten ist. Neue Gegenden der Erde werden im Strahl der aufgehenden Sonne den Tag beginnen.
Wenn wir uns die Zeitbegriffe klarmachen, kommen wir auf diese Beobachtungen zurück.
Bewegt sich dann etwa die Sonne auf der Ekliptik auch nur scheinbar, nicht wirklich?
Ja, auch hierin lassen wir uns durch den Augenschein täuschen! In Wahrheit bewegt sich die Erde in einer großen Bahn um die Sonne. Von ihren Bewe-

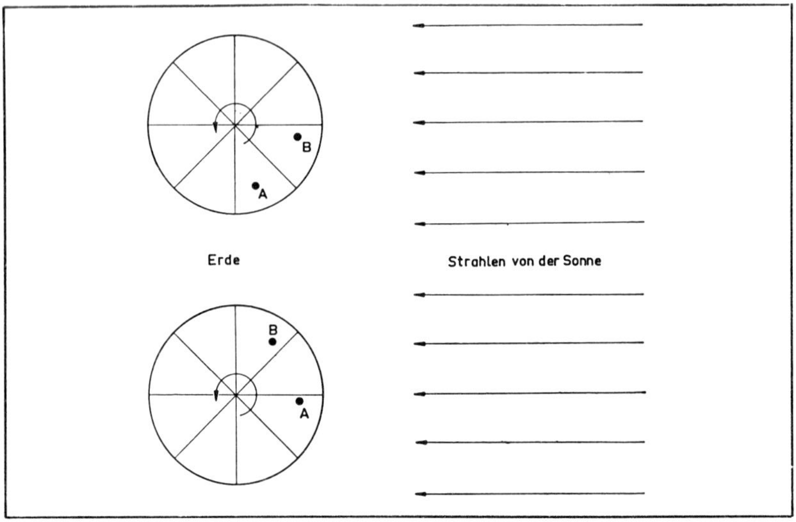

Abb. 44 Die Erde dreht sich um die Sonne

gungsgesetzen werden wir noch ausführlicher reden müssen.
Es stellen in Abb. 45 S die Sonne, E1, E2, E3 die Erde in drei Stellungen auf ihrer Bahn um die Sonne sowie die große Kreisumrandung der Figur die Himmelskugel dar. Wir sehen die Sonne bei der Erdstellung E1 in der Richtung E–S an der Himmelskugel an der Stelle S1, in E2 an S2 und in E3 an S3. Das heißt: Das Bild der Sonne wandert an der Himmelskugel in demselben Sinne herum wie die Erde auf der Bahn um die Sonne herumläuft, gegen den Uhrzeigersinn. Was folgt? Das Bild, das wir beobachten, daß nämlich die Sonne auf dem Tierkreis, der Ekliptik, gegen den Uhrzeigersinn um den Himmel herumlaufe, ist dasselbe, das wir erhalten, wenn die Erde um die Sonne in einer Kreisbahn herumläuft.
Wieder können wir beide Vorstellungen nicht ohne weiteres abwägen. Welche gilt?
Wir werden später hören, wie riesig die Sonne im Vergleich zur Erde ist, so daß schon darum die Vorstellung, daß sie um die kleine Erde kreisen solle, lächerlich ist.

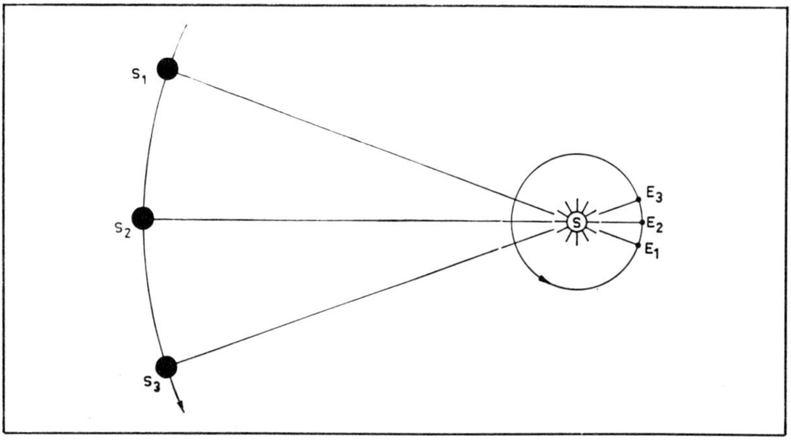

Abb. 45 Während die Erde sich um die Sonne bewegt, scheint sich die Sonne in demselben Sinne an der Himmelskugel zu bewegen

Die Sonne ist das Zentralgestirn, um das die Erde kreist. Abb. 46 zeigt die einzelnen Stellungen der Sonne und Erde in den verschiedenen Jahreszeiten.

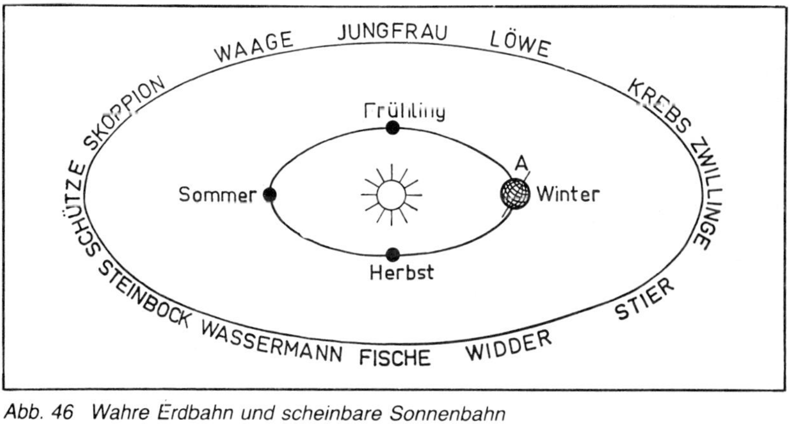

Abb. 46 Wahre Erdbahn und scheinbare Sonnenbahn

Steht die Erde am 1. Januar in A, dann sehen wir die Sonne im Sternbild des Schützen. Und so weiter, wie man der Abbildung entnehmen kann.
So sieht also die Sache in Wirklichkeit aus. Steht die Sonne im Schützen, dann überstrahlt sie alles in der Nähe; wir sehen also dies Sternbild nicht, es müßte denn schon eine Verdunkelung der Sonne, eine Sonnenfinsternis eintreten. Dann könnten wir unsere Behauptung kontrollieren. Sobald es jedoch Nacht wird, das heißt, wenn sich die Erde um ihre Achse soweit gedreht hat, daß wir das Sonnenlicht nicht mehr erhalten, wir also auf der der Sonne abgewandten Seite der Erdkugel sind, sehen wir die der Sonne gegenüberliegenden Sternbilder wie den Orion und seine Nachbarn.
In der Abb. 44 haben wir so getan, als wenn die Sonnenstrahlen senkrecht zur Erdachse auffallen. Das gilt in Wirklichkeit aber nicht für jeden Ort der Erde. Wenn das nämlich so wäre, würde es keinen Unterschied zwischen Sommer und Winter geben, würden überall auf der Erde zu jeder Jahreszeit die Tage gleich lang, ebenso lang wie die Nächte sein.
Tatsächlich steht die Achse der Erde gegen die eintreffenden Sonnenstrahlen geneigt. Und zwar um 23,5° (Abb. 47). Die Erde behält als ein Körper, der sich um seine Achse dreht (wir nennen solche Körper *Kreisel*), die Richtung seiner Achse im Raum bei. Das Nordende der Achse zeigt eben beim Umlauf um die Sonne immer in dieselbe Richtung des Weltraums, nämlich zum Polarstern. Man kommt dann zu dem Schluß, daß zu einer Zeit des Jahres die Nordhalbkugel, zu einer anderen die Südhalbkugel der Sonne zugeneigt ist, daß also im ersten Falle – für dieses Gebiet ist dann Sommer – die Nordhalbkugel lange, die Südhalbkugel kurze Tage hat.

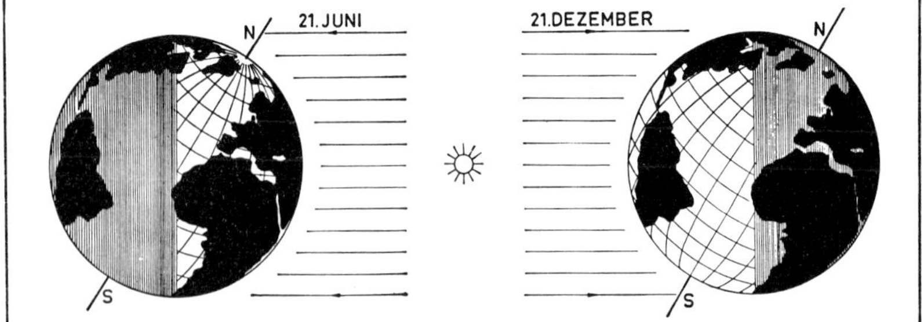

Abb. 47 Die Erde im Strahl der Sonne am 21. Juni und am 21. Dezember

Nun ist aber die Sonne die Energielieferantin, die Lebensspenderin unserer Erde. Ihre Strahlung ist – wir erleben es täglich – um so wirksamer, je länger sie einwirken kann und je steiler sie eintrifft.
Wenn wir diese Tatsachen zugrunde legen, können wir uns wohl selbst den Unterschied zwischen Sommer und Winter für die Lebensbedingungen eines Ortes auf der Erde erklären und die großen Klimaunterschiede zwischen tropischer und gemäßigter Zone verstehen.
Man entwerfe dazu eine Zeichnung der Erdbahn wie in Abb. 46 und zeichne an verschiedenen Stellen der Erdbahn Erden ein, aber immer die Achse parallel zu der Achse, wie sie für den 1. Januar in A angedeutet ist.
Daß die Erdachse zu sich selbst parallel bleibt, ist durch lange Beobachtungsreihen gesichert. Freilich müssen wir hier von der sogenannten Präzessionsbewegung des Kreisels Erde absehen, die in 26 000 Jahren das Nordende der Weltachse einen Kreis am Himmel beschreiben läßt, weil die Sonne die abgeplattete Erde wieder senkrecht zur Bewegungsebene der Ekliptik stellen möchte (durch ihre Anziehungskraft). Diese Bewegung wird erst in langen Zeiträumen spürbar. Wir können sie vernachlässigen. Sie ist übrigens der Grund, warum der Frühlingspunkt auch Widderpunkt heißt, obgleich er gar nicht im Sternbild Widder liegt. Er befand sich dort vor 2000 Jahren, als die Griechen ihn so tauften.

Beobachtungen am Mond

Wenn der Mond den Himmel beherrscht, der auffälligste Wandler am Sternenhimmel, hat er das Licht der vielen kleineren Sterne ausgelöscht; nur die helleren können sich noch gegen ihn durchsetzen. Das erleichtert uns das Suchen neuer Sterne.
Wandler nannte ich den Mond. Ich habe schon betont, daß die Sternbilder in ewig unveränderlicher Anordnung am Himmel stehen, als seien sie festgenagelt. *Fest-* oder *Fixsterne* werden sie genannt. Einige wenige Gestirne aber sind keine Fixsterne, sondern Wandler zwischen ihnen, die Fixsterne durch ihre Helligkeit oft weit übertreffend, wie der Abend- oder der Morgenstern. Es sind die Wandelsterne oder *Planeten*.
Unter ihnen ist der Mond der rascheste Wanderer. Seine Wanderung können wir schon im Laufe einer Nacht feststellen. Merken wir uns seine Stellung zu einem nahen Fixstern und sehen nach zwei Stunden wieder hin: Er ist um fast zwei Vollmondbreiten weitergewandert, und zwar in der Richtung West–Ost gegen den täglichen Umlaufsinn der Gestirne.
Auf dieser Wanderung kommt es öfter zu Sternbedeckungen, das heißt, der Mond verdeckt einen Stern, den wir eben noch sahen. Diese Sternbedeckungen sind ein reizvolles Himmelsschauspiel, besonders, wenn man im Feldstecher beobachtet, wie die Mondkugel sich langsam auf den Stern zubewegt und ihn dann im Augenblick der Berührung schlagartig auslöscht. Die jährlich erscheinenden Jahrbücher für Sternfreunde machen auf derartige Ereignisse stets aufmerksam.
Verfolgen wir den Mond Nacht für Nacht, so steht er, sich immer weiter nach Osten verschiebend, bei immer anderen Sternbildern des Tierkreises, und nach etwa 27 Tagen ist er wieder bei demselben Fixstern angelangt, hat einen Umlauf am Himmel vollendet. Hier verfolgen wir den Kreisweg unter den Sternen viel leichter als bei der Sonne, weil die Helligkeit dieses Planeten nicht ausreicht, alle Sterne seiner Umgebung völlig unsichtbar zu machen.
Bei diesem Umlauf wandelt sich das Bild des Mondes: von der schmalen Sichel bis zur Vollmondscheibe, um dann wieder abnehmend zu immer schmalerer, jetzt anders gekrümmter Sichel zu werden, bis die Nächte eintreten, in denen überhaupt kein Mond zu sehen ist.
Was beobachten wir nun im Laufe eines Mondumlaufes, eines Monats?

Die schmale Sichel des aufgehenden Mondes erscheint in Kimmnähe kurz nach Sonnenuntergang. Sie ist nach rechts gekrümmt wie der Anfangsbuchstabe Z (der früher üblichen „deutschen"/ Sütterlin-Schrift) des Wortes *Zu*nehmender Mond. Man soll aber diese Gedächtnisstütze nicht zu reichlich verwenden. Lieber denke man daran, daß wir da eine von der Seite beleuchtete Mond*kugel* vor uns haben und überlegen nun, wo der Beleuchter stehen muß, der eine Kugel derartig beleuchtet. Dann hat man schon sehr viel gewonnen.
Die Sichel wird von Tag zu Tag voller, sie steht immer höher und weiter von der Sonne ab, wenn es dunkel wird; es dauert schon mehrere Stunden, bis der Mond der untergehenden Sonne folgt. Nach sieben Tagen ist das *erste Viertel* erreicht, ein halbkreisförmiges Mondbild, das sechs Stunden nach der Sonne untergeht, und natürlich vormittags sechs Stunden später über der Ostkimm aufgeht.
Nach insgesamt 14 Tagen ist die volle Scheibe des *Vollmondes* erreicht. Der Vollmond geht auf, wenn die Sonne untergeht. Die Scheibe des Mondes ist ebenso groß wie die der Sonne, wenn wir sie durch ein starkes Blendglas betrachten. (Nie ohne Blendglas in die Sonne schauen!) Ihr Durchmesser ist etwa $\frac{1}{2}°$, das heißt $\frac{1}{4}$ Fingerbreite nach der rohen Meßmethode.
In den folgenden Nächten nimmt die Mondscheibe wieder ab, aber jetzt fehlt ein Teil auf der anderen Seite, der Bogen scheint der Anfang des Buchstaben A von *Ab*nehmen (ebenfalls aus der damaligen Schreibweise) zu sein. Nach sieben Tagen ist wieder ein Halbmond zu beobachten, das *letzte Viertel*. Immer später geht dabei der Mond auf, zur Zeit des letzten Viertels erst um Mitternacht, und schließlich bleibt eine schmale Sichel, die nur noch am Morgenhimmel sichtbar wird.
Es liegt der volle, das heißt der beleuchtete Rand vor Vollmond also rechts, nach Vollmond links.
Der beleuchtete Rand ist der Sonne zugekehrt. Diese Mond*phasen* sind der beste Beweis für die Kugelgestalt des Mondes. Wenn wir das Glas auf den Mond richten – besonders im ersten und letzten Viertel –, dann sehen wir auch plastisch die Krümmung des Mondkörpers.

Bei schmaler Sichel beobachten wir oft noch etwas recht Eigentümliches: Wir sehen neben der Sichel – etwas kleiner – den ganzen Mond, fahl dämmernd, wie es Abb. 48 zeigt. Was bedeutet dieses sogenannte „*aschgraue*“ Mondlicht?

Abb. 48 Aschgraues Mondlicht

Das ist eine Beleuchtung, die der Mond als Rückstrahlung von der Erde erhält, die um diese Zeit auf der dem Mond zugekehrten Seite voll von der Sonne beleuchtet ist. Daß die Sichel uns oft etwas größer erscheint als die Scheibe, ist eine Folge der Überstrahlung durch den helleren Körper.
Hören wir, wie die Mondphasen zustande kommen. Der Mond ist ebenso wie die Erde kein selbstleuchtender, glühender Ball wie die Sonne, sondern kalt und starr. Er wird – wie die Erde – von der Sonne beleuchtet, die ihre Strahlen in den Weltraum hinaussendet. Der Mond beschreibt scheinbar

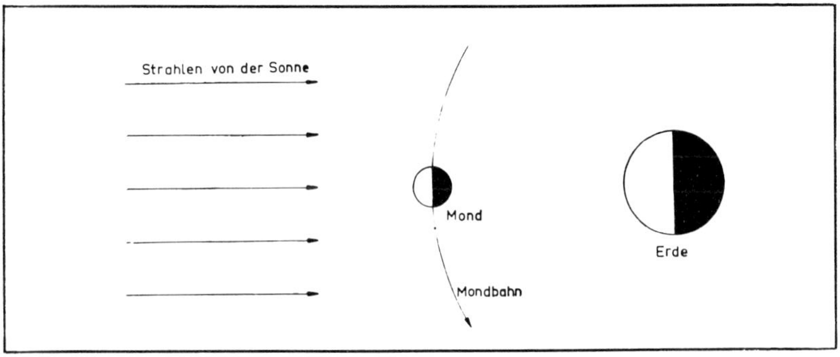

Abb. 49 Erklärung der Mondphasen

eine Kreisbahn am Himmel. In Wirklichkeit ist es wieder so, daß der kleine Himmelskörper eine solche um die Erde beschreibt. Wenn der Mond nun auf seiner Wanderung um die Erde zwischen Erde und Sonne steht (Abb. 49), dann wendet er uns seine unbeleuchtete Seite zu; wir sehen ihn nicht, er geht auch für uns gleichzeitig mit der Sonne unter. Wenn er weiterwandernd in die Lagen 2, 3, 4 in Abb. 50 kommt, ergeben sich der Reihe nach die Mondphasenbilder: bei 2 das erste Viertel, bei 3 Vollmond, bei 4 letztes Viertel.
Dabei dürfen allerdings nicht Sonne, Mond und Erde genau in eine Linie geraten, die Körper stünden sich dann im Licht.
Das kommt vor! Diese Finsternisse gehören zu den reizvollsten Beobachtungen, die wir am Himmel machen können. Was kann passieren?

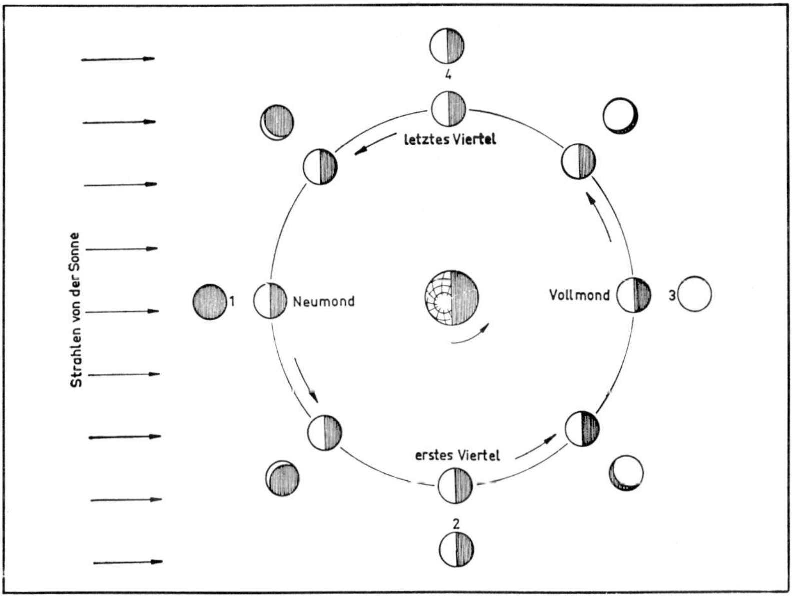

Abb. 50 Die Mondphasen

Mond steht zwischen Sonne und Erde

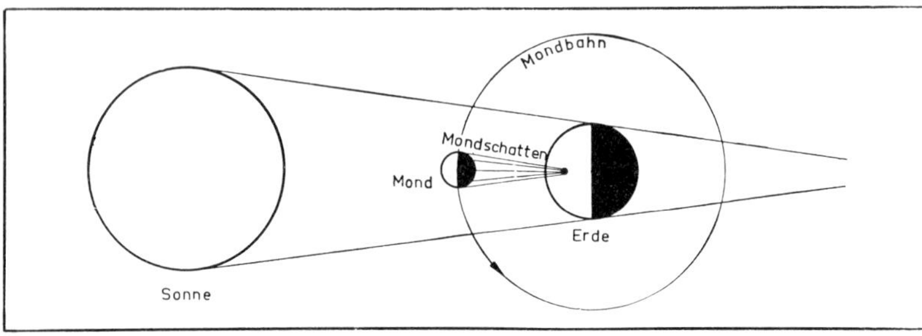

Abb. 51 Entstehung einer Sonnenfinsternis

Abb. 52 Vorübergang des Mondes vor der Sonne bei einer Sonnenfinsternis

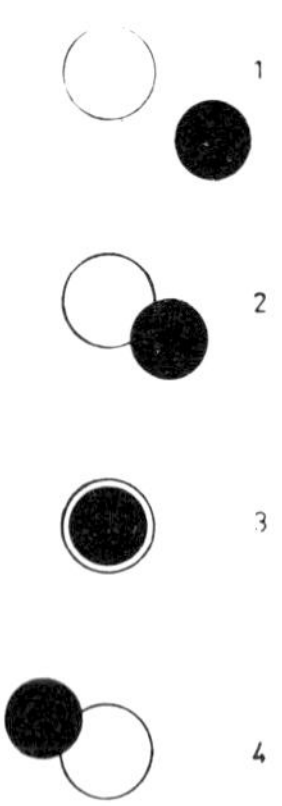

Hinter dem Mond entsteht ein Schattenraum, innerhalb dessen man die Sonne nicht sehen kann. Wenn ein Ort der Erde in diesen Schattenkegel fällt, ist die Sonne für diesen Ort nicht zu sehen. Wir erleben eine *Sonnenfinsternis* (Abb. 51 und 52). Eine Sonnenfinsternis kann bei der Kleinheit des Mondschattens nur auf einem kleinen Teil der Erdoberfläche beobachtet werden und nur zur Zeit des Neumondes eintreten.

Erde steht zwischen Sonne und Mond

Sehr viel größer aber ist der Erdschatten. Darin kann der Mond für unsere Augen für eine ganze Zeit verschwinden. Wir erleben eine *Mondfinsternis*, der Mond verschwindet für uns im Erdschatten (Abb. 53 und 54). Mondfinsternis tritt also nur bei Vollmond ein, freilich nur dann, wenn Erde, Sonne und Mond in einer Ebene liegen, das heißt, wenn auch der Mond sich *in* der Ekliptik befindet. Die Mondbahn bildet einen kleinen Winkel mit der Ekliptik, schneidet diese in zwei Punkten. Wenn der Mond gerade in diesen Schnittpunkten steht, kann die beschriebene Finsternis eintreten und auf der ganzen Erdhalbkugel gesehen werden, auf die er gerade scheint.

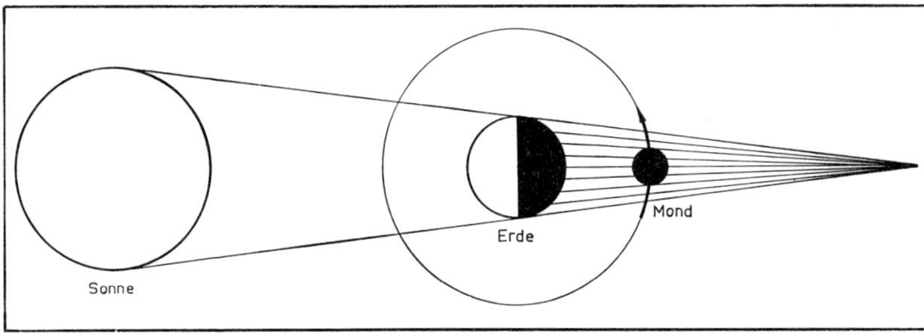

Abb. 53 *Entstehung einer Mondfinsternis*

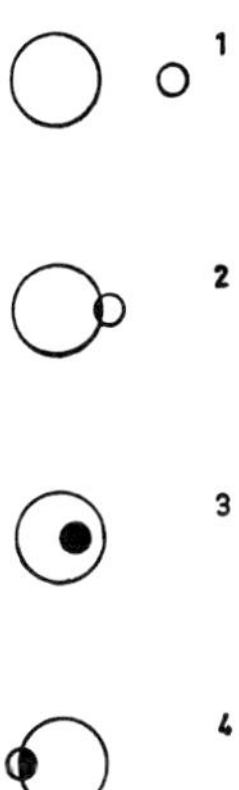

Genaugenommen entsteht hinter der Erde auch ein sogenannter *Halbschatten*, wie es Abb. 55 zeigt. Aber der Eintritt des Mondes in diesen Halbschatten wirkt sich allein in einer Verschwommenheit des Mondbildes aus.

Oft streift ein Gestirn nur den Schatten des andern, es entstehen *partielle* (teilweise) Verfinsterungen, die zu beobachten sehr reizvoll ist. Von der Sonnenscheibe bleibt bei einer solchen partiellen Sonnenfinsternis lediglich eine Sichel sichtbar. Die Tageshelligkeit sinkt merklich ab, aber es bleibt hell. Man beobachte dann durch eine mit Ruß geschwärzte Glasscheibe das Bild der Sonne und verfolge das Vorbeigleiten der Schattenscheibe. (Man beachte auch die Schatten von Bäumen und die darin spielenden Sonnenfleckchen, die sonst Kreisform, jetzt Sichelform haben.)

Die Zeit von einem Vollmond bis zum nächsten oder, allgemeiner, von einer bestimmten Mondphase bis zum Wiedereintreten derselben Phase hat dem Menschen schon lange als Zeitmaß gedient: Er nennt sie einen *Monat*.

Abb. 54 *Durchgang des Mondes durch den Erschatten bei einer Mondfinsternis*

Diese Zeit ist nicht gleich jener, in der der Mond wieder bei demselben Fixstern steht. Sie beträgt nur 27 Tage, aber in dieser Zeit hat sich ja auch die Sonne

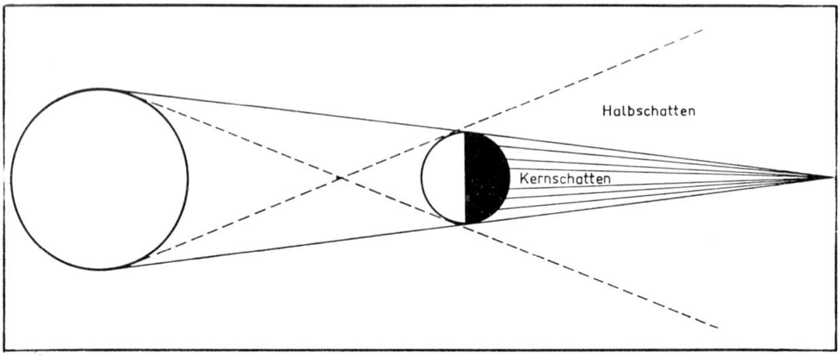

Abb. 55 Kern- und Halbschatten

um 27mal einen Tagesweg weiterbewegt. Um diesen Betrag muß der Mond noch weiterwandern, ehe er wieder in dieselbe Stellung zur Sonne gelangt ist. In Abb. 56 stellt A die Stelle dar, in der man von der Erde E aus den Mond M in der Richtung nach einem bestimmten unendlich weit entfernten Fixstern sieht. In 27 Tagen hat die Erde den Ort B erreicht, und M ist nun soweit auf seiner Kreisbahn herum, daß wir ihn wieder in der Richtung des Fixsterns sehen (Stellung M1). Aber erst in der Stellung M2 kommt er wieder in Vollmondstellung, das heißt in dieselbe Stellung zur Sonne. Er mußte noch volle zwei Tage weiterlaufen. Ein Monat ist also rund 29 Tage lang.
Noch eins fällt uns auf, wenn wir zurückdenken: In Sommernächten steht der Mond tief, in Winternächten aber recht hoch über der Kimm, wenn wir ihn im Süden, das heißt in der Kulmination beobachten. Der Mond bewegt sich in fast derselben Ebene wie die Sonne, in der Tierkreisebene. Man verfolge den Vorübergang des Mondes an den verschiedenen Sternbildern: Es sind tatsächlich die Tierkreissternbilder, die er durchläuft.
Bei Vollmond steht der Mond der Sonne gegenüber – also immer dort, wo die Sonne ein halbes Jahr vorher stand, bei Vollmond im Winter da, wo die Sonne im Sommer bei der Kulmination stand, hoch über der Kimm.
Noch ein Wort über die Lage der Sichel. Aus der Tatsache, daß der Mond sein Licht von der Sonne erhält, folgt, daß die Verbindungslinie der Hörner immer senkrecht zur Richtung Sonne–Mond angeordnet sein muß (Abb. 57). Daher steht die Mondsichel in unseren Breiten im Frühling zum Beispiel so, daß die untere Hornspitze vorgezogen ist, als wenn sie Wasser tragen könnte. Im

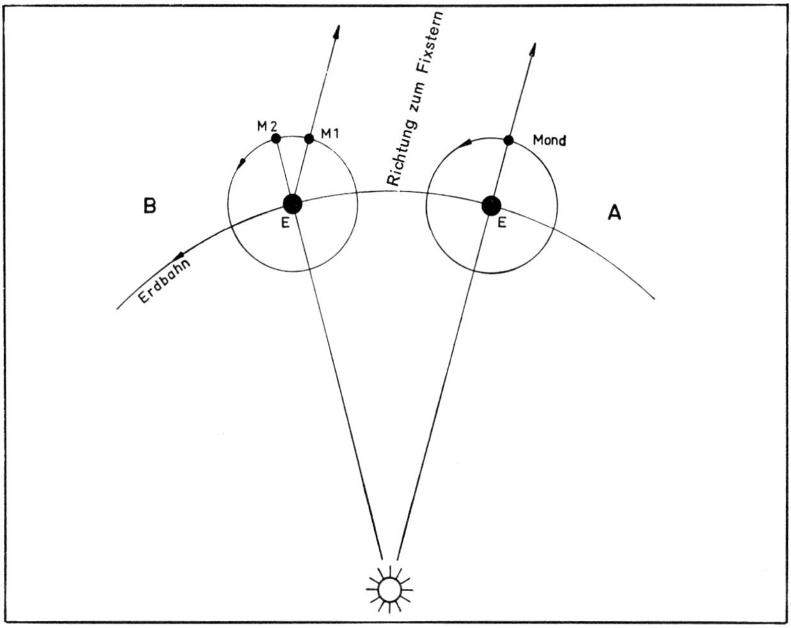

Abb. 56 Monat

Herbst dagegen stehen die Hörner so, daß das Wasser aus der Schale herauslaufen würde (Abb. 58).

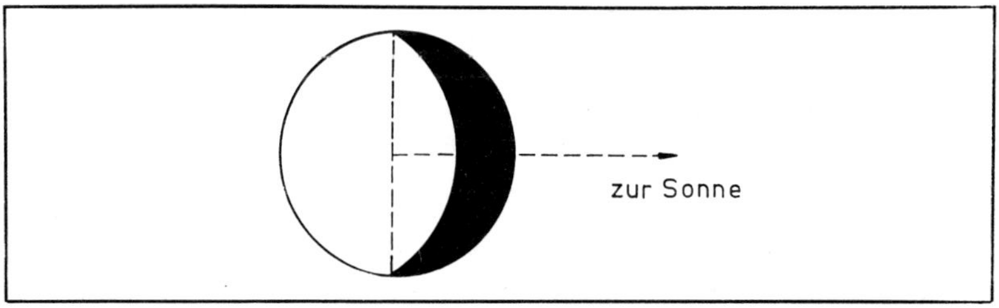

Abb. 57 Die Mondsichel

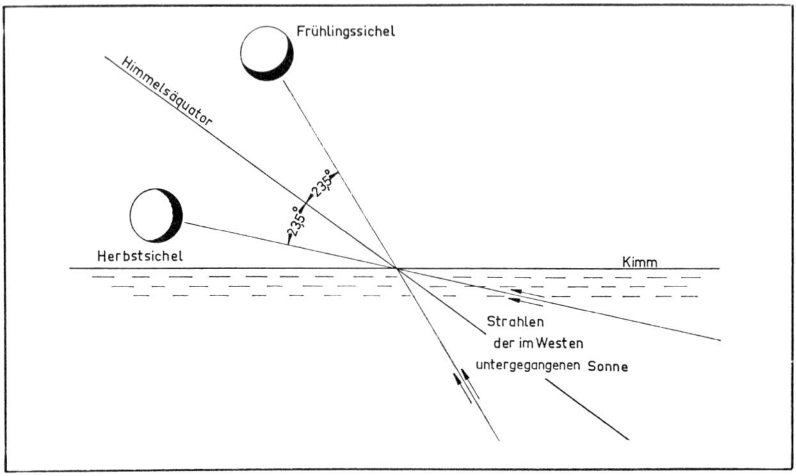

Abb. 58 Mondsichel im Frühling und Herbst nach Sonnenuntergang in unseren Breiten

Vermag die Mondsichel auch liegen wie ein umgekippter Kahn? Das kann in den Tropen eintreten, wenn die Sonne senkrecht über dem Mond steht, also nur am Tage. Wie ein schwimmender Kahn sieht er aus, wenn die Sonne unter ihm steht, also gegen Morgen bei abnehmendem Mond, gegen Abend bei zunehmendem Mond.

Nehmen wir uns schon heute vor, auf diese Änderung des Bildes zu achten, wenn wir weiter nach Süden kommen. Befinden wir uns auf südlicher Breite, liegen die Sicheln umgekehrt. ☾ ist das erste Viertel, ☽ letztes Viertel, da wir nun im Süden des Mondes stehen.

Hat der Mond Einfluß auf das Wetter? Fahler Mondschein, Mondringe usw. – Vorgänge in der Erdatmosphäre, in der uns umgebenden Lufthülle – lassen in der Tat Rückschlüsse auf das Wetter zu. Mit dem Mond selbst und seiner Stellung zur Erde hat das jedoch nichts zu tun.

Verschlingt der Mond tatsächlich Wolken? Einflüsse des Mondes auf die Bewölkung hat die Wissenschaft bisher nicht feststellen können. Es täuscht, daß mit dem Aufgehen des Mondes die Bewölkung nachläßt. Sie nimmt meistens abends ab, unabhängig von der Mondphase.

Die Planeten

Auch die Bahnen der Planeten sind nicht sehr stark gegen die Ekliptik geneigt; wir finden sie also ebenfalls zwischen den Tierkreisbildern. Der Mond, der sich vortrefflich als Sternweiser eignet, muß sie bei jedem Umlauf passieren.
Nun sind allerdings nicht alle Planeten so hell, daß sie sich leuchtend von den anderen Sternen der Ekliptik abheben. Wir müssen Sternbücher oder andere Hilfsmittel haben, um sie ausmachen zu können. Aber einige Planeten sind auch so hell, daß sie alles überstrahlen, wie die Venus, der Morgen- oder Abendstern, oder auch der Jupiter.
Meist unterscheidet sich das Licht dieser Planeten durch große Ruhe (kein Funkeln) von dem der Fixsterne – ein sicheres Kennzeichen ist das freilich nicht. Mit Sicherheit ist ein Planet als solcher nur zu erkennen, wenn man seine Stellung zu auffälligen Fixsternen mißt und Änderungen feststellt. Da gibt es oft besonders schöne *Konstellationen*, das heißt Planetenstellungen, auf die die Sternbücher oder Zeitungen hinweisen.
Die Bewegung der Planeten zwischen den Sternen kann in demselben Sinne erfolgen wie die von Sonne und Mond (*rechtläufig*), aber auch im entgegengesetzten Sinne (*rückläufig*).
Ihre Bewegungsgeschwindigkeit ist verschieden. So bewegt sich die Venus recht schnell, Jupiter langsam. Wir werden bald hören, daß dies mit der Entfernung des Planeten von der Sonne zusammenhängt.
Wir nehmen das Glas, um die sichtbaren Planeten näher zu betrachten. Venus zeigt dabei regelrechte Phasen, wie wir sie vom Mond kennen. Es handelt sich also bei den Planeten auch um Kugeln.
Interessant ist die Beobachtung des Jupiters, der als kleine Scheibe erscheint und von vier winzigen Lichtpunkten umgeben ist, Monden, die ihn umkreisen, alle etwa in einer Ebene. Bald sieht man auf jeder Seite zwei, dann drei auf einer Seite usw.
Den Planeten werden wir uns später noch zuwenden. Zuvor jedoch wollen wir bestimmte Themen im Zusammenhang betrachten und so erfahren, was man von den bisher beobachteten Sternen weiß.
Wir gehen nach einem kurzen geschichtlichen Rückblick auf eine Sternwarte, lernen die Hilfsmittel kennen, mit denen die Wissenschaft ihrer Aufgabe, die Sternenwelt zu erforschen, zu Leibe rückt, und hören dann, was man als Ergebnis dieser Forschungsarbeit heute von Sonne, Mond und Sternen weiß.

Von der Sonne und ihren Begleitern

Was wußten unsere Vorfahren?

Einige hunderttausend Jahre gibt die Forschung dem Menschengeschlecht für seine Geschichte. Ein kurzer Zeitraum ist das, verglichen mit den ungeheuren Zeiträumen, in denen sich die Geschichte eines Sterns abwickelt, ein kleines Zwischenspiel.
Und doch – Welche Riesenzeit, gemessen an einem Menschenleben, und wieviel menschliches Grübeln und Forschen enthält sie!
Den ersten denkenden Menschen mag die Sonne als Wärmespender, vielleicht noch der Mond als Lichtspender langer Nächte Beobachtungsgegenstand gewesen sein, die Sterne bedeuteten ihnen wenig. Wohl aber erfüllte ein Schauer, ja Angst ihr kleines Hirn, wenn Sonne oder Mond *nicht* wie gewohnt erschienen, Finsternisse eintraten oder Kometen mit ihrem Riesenschweif sich breit über den sonst so harmlos aussehenden Himmel legten.
Das Außergewöhnliche ist der Anfang des Forschens, der Anstoß zur Beschäftigung des Menschen mit den Sternen.
Die ersten Kulturen entstehen, Sagen und Märchen knüpft der Mensch an seine Sterne, Namen werden ihnen gegeben. Manche dieser Namen werden wir nie erfahren, andere gräbt unsere Wissenschaft wieder aus, alte Runen oder Inschriften entziffernd.
Alle erste Sternwissenschaft aber ist Kalenderwissenschaft, wie wir es aus den hochstehenden Kulturen und Kultbauten der mittelamerikanischen Maja ebenso wissen wie von den Chinesen, Assyrern oder Ägyptern. Priester erforschten als erste die Sterne, um den Kalender, die Zeitrechnung und damit die heiligen Feste festzulegen.
Von der Natur der Sterne, ihrem Aufbau, ihren Entfernungen von uns wußte man nichts. Wohl aber brachte man das Schicksal des Menschen mit diesen

Sternen und ihren Stellungen in Beziehung, versuchte, es aus den Sternen zu lesen, trieb Astrologie, wie wir heute sagen.
Einen wesentlichen Schritt weiter in dem Erkennen der Zusammenhänge kamen erst einige Jahrhunderte vor der Zeitwende die griechischen Forscher. Man erkannte damals schon, daß die Erde wohl eine Kugel sein müsse, die sich drehe, und einer von ihnen bestimmte sogar die Größe dieser Kugel. Man kam zu so genauen Gesetzen von den Bahnen der Sonne und des Mondes, daß man Sonnenfinsternisse vorausberechnen konnte. Immer aber noch stand die Erde im Mittelpunkt; Sonne, Mond und Sterne kreisten um die Erde. Diese griechischen Vorstellungen von der Welt faßte der Naturforscher Ptolemäus in einem System zusammen, das nach ihm Ptolemäisches System heißt.
Aber diese Erkenntnisse versanken wieder, vielleicht war die Welt noch nicht reif dafür. Sie wurden vergessen, Brände vernichteten Büchereien, Kriege die Völker.
Bei den Arabern allein fand in der Folgezeit die Sternforschung eine neue Stätte, und von den Arabern übernahmen die Europäer die Erkenntnisse der Griechen, wie sie die Araber erhalten und weiterentwickelt hatten. Auf diesen Grundlagen baute sich die Sternforschung des Mittelalters auf. So kommt es, daß viele Sterne arabische Namen tragen, wie Beteigeuze, Mizar, Alkor usw.
Erst um 1500 glückt den grübelnd weitsehenden Forschern des Abendlandes die große, umstürzende Wandlung des Weltbildes. Die Zeit der Entdeckungen ist gekommen; Kolumbus entdeckt Amerika; Magellan umsegelt die Erde, die alten, ewig erscheinenden Erkenntnisse beginnen zu wanken. Kopernikus tritt auf und kann wissenschaftlich begründen, daß die Erde nicht mehr im Mittelpunkt der Welt zu denken ist, daß die Sonne das Gestirn ist, um das alles kreist.
Aber die katholische Kirche, allmächtige Beherrscherin der Meinungen, will diese Erkenntnisse nicht.
Giordano Bruno, der verkündet hat, daß vielleicht auch andere Fixsterne ähnliche Sonnen seien wie unsere, um die auch Erden kreisen wie um unsere, kommt auf die Folter, wird auf dem Scheiterhaufen verbrannt. Galilei verkündet die Lehre des Kopernikus, aber er muß ihr abschwören. Das Werk des Kopernikus wird auf die Liste der verbotenen Bücher gesetzt. Das Volk soll bei der alten ptolemäischen Auffassung bleiben.
Doch die Saat ist gesät, Forschergeist bohrt weiter.
Im Jahre 1609 wird das Fernrohr erfunden, eine gewaltige Entdeckung!

Ungeahnte, kaum zu denken gewagte Dinge kann man nun sehen. Mondgebirge, Flecken auf der für makellos gehaltenen Sonne. Und der Jupiter hat auch Monde, mehrere sogar, nicht nur einen wie die Erde.
Aber nicht nur das Fernrohr selbst, sondern die gesteigerte Beobachtungsgenauigkeit geben eine ungeahnte Weitung des Bildes. So gestatten die Beobachtungen Tycho Brahes so genaue Berechnungen, daß Kepler, ein Deutscher, die einfachen Gesetze formulieren kann, nach denen sich die Erde und die anderen Planeten um die Sonne bewegen:

1. Die Bahn eines jeden Planeten ist eine Ellipse, in deren einem Brennpunkt die Sonne steht.
2. Die Verbindungslinie Sonne – Planet überstreicht in gleichen Zeiten gleiche Flächenräume.

Das alles sind nun keine Gedankenspekulationen mehr, es läßt sich nicht mehr ableugnen.
Weiter bohrt menschlicher Forschungswille. Newton gelingt es, die Keplerschen Gesetze der Planetenbewegung aus dem ganz allgemeinen Gesetz der Massenanziehung heraus zu erklären:
Zwei Massen ziehen sich, ob es sich um Steine oder Himmelskörper handelt, nach einem bestimmten Gesetz an. Aus diesem Gesetz folgen mathematisch ableitbar die Planetenbewegungen um die Sonne.
Ja, es gelang sogar etwas später, aus gewissen Störungen in den beobachteten Bahnen auf einen neuen Planeten zu schließen, seine Bahn aus diesen Gesetzen zu berechnen und dann den neuen Planeten an der vorausberechneten Stelle am Himmel zu finden.
Immer aber ist das Weltbild noch begrenzt, die große Fixsternkugel umschließt das System der Sonne mit ihren Begleitern, den Planeten.
Erst im letzten Jahrhundert gelang es, in den Weltraum, in die Fixsternwelt messend einzudringen, mit Hilfe der Physik etwas über die Natur, über den Aufbau dieser fernen Welten zu erfahren und das Bild vom Sein, Werden und Vergehen dieser Welten aufzubauen, das nun in seinen gesicherten Ergebnissen vor uns erstehen soll.

Abb. 59 Hamburger Sternwarte

Das Fernrohr

Die modernen Sternwarten liegen draußen vor der Stadt, in abgeschiedener Stille inmitten von Parks und Rasenflächen. Doch sie werden in immer stärkerem Maße durch die Bebauung über die Peripherie der Städte hinaus beeinträchtigt.

Freie Aussicht und ruhige Lage jedoch sind die Vorbedingungen für das Beobachten. Führe in der Nähe eine Bahn vorbei, so würde das Bild im Fernrohr hüpfen. Und die Luft muß weitestgehend staubfrei sein, damit das Licht der Sterne ungestört, nicht abgelenkt und verwischt auf das Fernrohr fällt. Man hat ermittelt, daß auf hohen Bergen in einem Kubikzentimeter Luft nur etwa 200 Staubteilchen enthalten sind, über der Großstadt an einem trockenen Tag jedoch weit über 500 000.

Abb. 59 zeigt die Hamburger Sternwarte in Hamburg-Bergedorf. Wir sehen ein weites Gebiet, über das unabhängig voneinander in Einzelgebäuden die Instrumente verteilt stehen; dazwischen Gebäude, in denen in großen Arbeitsräumen die wissenschaftliche Arbeit des Auswertens, Messens usw. durchgeführt wird.

Angesichts der klimatischen Bedingungen in Deutschland eignet sich jedoch nicht einmal die Hälfte aller Nächte zum Beobachten. Da gibt es Gebiete auf der Erde, in denen das viel günstiger ist, wie zum Beispiel in der klaren Höhenluft der kalifornischen Berge. So sind denn dort gewaltige Sternwarten entstanden, denen wir große Ergebnisse der Sternforschung verdanken:

die 1284 m hoch gelegene Lick-Sternwarte auf dem Mount Hamilton sowie die Sternwarten auf dem Mount Wilson (1742 m) und Mount Palomar (1706 m), in deren riesigen Kuppelbauten die größten Fernrohre der Welt stehen. Genannt seien aber auch die Europäische Südsternwarte auf La Silla, Chile (2400 m) sowie das Deutsch-Spanische Astronomische Zentrum auf dem Calar Alto, Spanien (2170 m).

Von den etwa 250 wissenschaftlich tätigen Sternwarten liegen die meisten auf der Nordhalbkugel. Heute werden aber auch große Sternwarten auf der Südbreite errichtet.

Ein paar Angaben über die Fernrohre der modernen Sternwarten. Wir unterscheiden zwei Typen, den *Refraktor* und den *Reflektor*. Der Refraktor

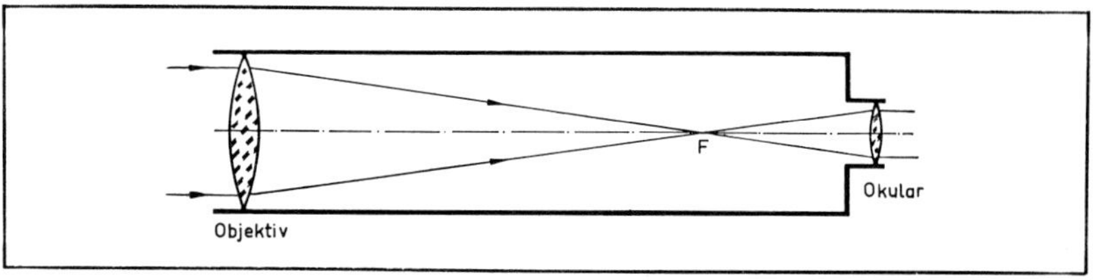

Abb. 60 Astronomisches Fernrohr – Refraktor

(Abb. 60) ist das uns geläufige, für Durchsicht gebaute Fernrohr. Es besteht im einfachsten Falle aus zwei Sammellinsen (Abb. 61), kugelförmig begrenzten Glaskörpern, die wir als Kinder schon benutzten, um das Licht der Sonne in einem Punkt zu sammeln, um dort eine Brennwirkung zu erzielen (Brennglas – Brennpunkt).

Die dem Gegenstand (Objekt) zugewandte Linse ist das *Objektiv,* die am Auge liegende das *Okular.*

Eine solche Sammellinse liefert von einem fernen Gegenstand, wie ihn beispielsweise die Sonne darstellt, in der Ebene des Brennpunktes ein Bild, das wir bei einem Fotoapparat auf der Mattscheibe beobachten oder auf der lichtempfindlichen Platte bzw. Film festhalten können. Es steht auf dem Kopf. Beim Fernrohr bringt man keine Platte an, sondern beobachtet dieses kleine Bild durch eine Lupe, die Okular-Sammellinse, die es vergrößert.

Will man kein auf dem Kopf stehendes, sondern ein aufrechtes Bild haben, wie

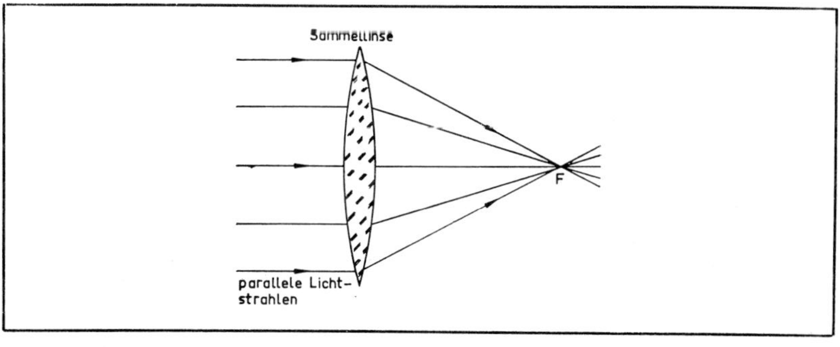

Abb. 61 Sammellinse

bei einem gewöhnlichen Fernglas, dann muß noch eine Linse oder ein Prismensatz eingeschlaltet werden, um die Bilder wieder aufzurichten. Bei Sternen ist es gleichgültg, ob wir sie aufrecht oder auf dem Kopfe stehend sehen. Wir begnügen uns daher mit den zwei Linsen für Okular und Objektiv. Je weniger Linsen, desto weniger Lichtverluste im Glas.
Sowohl Objektiv als auch Okular bestehen aus mehreren Linsen. Das liegt daran, daß die Linsen-Abbildung gewisse unvermeidliche Fehler hat (farbige Ränder des Bildes, Unschärfe in den Randzonen), die nur durch Mehrlinsensätze beseitigt werden können. So ein Linsensatz wirkt aber insgesamt wie eine Sammellinse.
Die Ojektivlinse hat die Aufgabe, das von den Sternen kommende Licht in der Ebene des Brennpunktes, im Abstand der Brennweite, zu vereinigen. Es wirkt mit seiner ganzen Öffnung; von der Größe der Öffnung hängt es ab, wieviel Lichtstrahlen wir auffangen können; je größer der Durchmesser, desto lichtstärker wird das Bild im Brennpunkt.
Das Objektiv muß also groß sein. Die Herstellung großer fehlerfreier Glaslinsen ist jedoch schwierig und kostspielig. Das größte Rohr der Hamburger Sternwarte hat eine Objektivlinse von 60 cm Durchmesser (Abb. 62). Das größte jemals hergestellte Objektiv besitzt die Yerkes-Sternwarte bei Chicago: Der Durchmesser beträgt 1,00 m, die Linse wiegt 250 kg. Das Rohr, das sie trägt – es muß schon stabil sein, damit es sich bei der Länge des Fernrohrs von 19 m nicht verbiegt – hat ohne Achse und Gegengewicht ein Gewicht von 6000 kg. Eine gewaltige Halle mußte dafür errichtet werden. Sie ist 27 m hoch; die drehbare Kuppel trägt einen Beobachtungsspalt, der maschinell geöffnet werden kann, und wiegt 140 000 kg.
Das Okular, das zur vergrößernden Betrachtung des Bildes dient, kann ausgewechselt werden: Wenn man Einzelheiten besser sehen will, muß man eine stärkere Vergrößerung wählen. Da das Okular nur das kleine Bild im Brennpunkt betrachtet, ist es nicht so riesig wie das Objekt, daher auch leichter herstellbar.
Wenn man nun aber ein Bild, etwa das eines Mondkraters, bei stärkerer Vergrößerung betrachtet, ist man enttäuscht, denn dieser Ausschnitt ist wesentlich lichtschwächer, so daß einer beliebig starken Vergößerung schon aus diesem Grunde eine Grenze gesetzt ist. Es spielt auch noch die optische Unruhe der Luft, die Klarheit und Ruhe der Luftschichten, eine Rolle, durch welche die Lichtstrahlen hindurchmüssen, um das Rohr zu erreichen. 2000fache Vergrößerung ist bei uns nur bei besten Beobachtungsverhältnis-

Abb. 62 Der große Refraktor der Hamburger Sternwarte (die Beobachterbühne ist hochgefahren)

sen zu erreichen, während die Amerikaner mit den noch zu schildernden Instrumenten gelegentlich bis zu 5000fache Vergrößerung erreicht haben.

Nicht in den starken Vergrößerungen liegt der Wert der großen Instrumente, sondern in der lichtsammelnden Kraft, in der Fähigkeit, soviel Licht in die Bildebene zusammenzuziehen, daß auch ganz lichtschwache Gebilde noch erfaßt, noch gesehen werden, die das Auge oder das kleine Fernrohr gar nicht anzeigt.

Da man keine größeren Objektivlinsen schaffen konnte, ging man zum *Reflektor*, zum *Spiegelinstrument* über.

Diese waren an sich schon früher erfunden und wurden, da sie keinen Farbfehler haben, viel gebaut. Es werden bei ihnen überhaupt keine Linsen

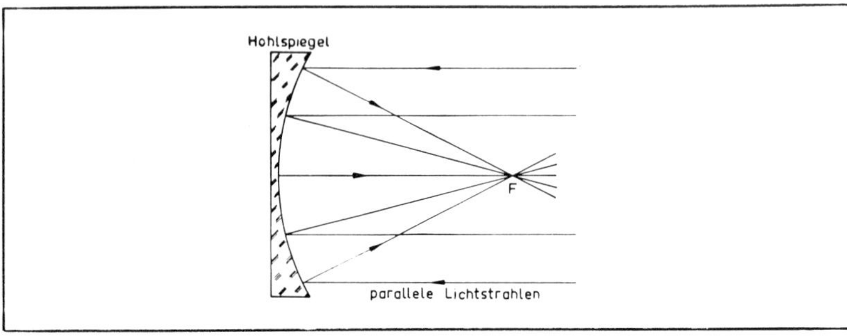

Abb. 63 Hohlspiegel

benutzt, sondern sie bestehen aus einem Hohlspiegel, der auch parallel auffallendes Licht in einem Punkt vereint, dem Brennpunkt (Abb. 63). Die auffallenden Lichtstrahlen werden von ihm *reflektiert* und ergeben im Brennpunkt ein kleines umgekehrtes Bild, das man nunmehr wieder im Vergrößerungsglas (Sammellinse als Lupe) besehen kann. Da dies Bildchen allerdings zwischen Gegenstand und Spiegel entsteht, muß ich es seitlich – etwa durch einen kleinen Spiegel – ablenken und zum Okular hinbiegen (Abb. 64). Diese Instrumentenart ist heute wieder aufgegriffen worden. Und es sind wahre Riesen ihrer Art entstanden. Die Herstellung haltbarer und genau geschliffener Spiegel wurde zu hoher Kunst entwickelt. Dabei wird nicht mehr Metall verwandt, sondern Glas, das, auf seiner Vorderseite versilbert, neuerdings mit Aluminium überzogen wird. Wenn die Versilberung verblaßt, kann sie erneuert werden. Ein Nachteil dieser Instrumente ist die Notwendigkeit des kleinen Auffangspiegels.

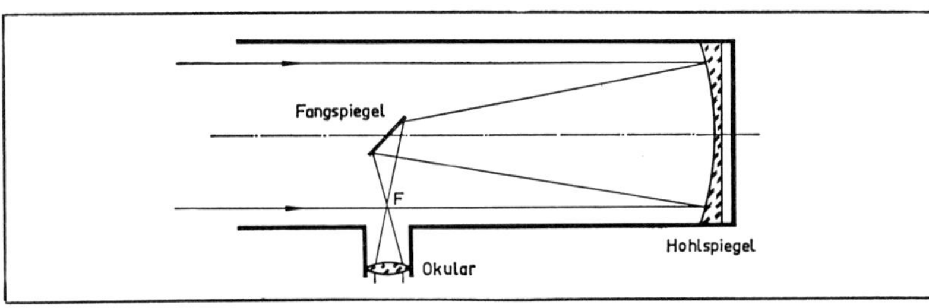

Abb. 64 Reflektor

Abb. 65 Das 200-Zoll-Spiegelteleskop auf dem Mount Palomar (Hale-Teleskop). Das Teleskop ist auf den Zenit gerichtet. Ansicht von Süden

Abb. 66 Spiegelteleskop des Observatoriums Saint-Michel (Frankreich)

Besonders für fotografische Aufnahmen ist das Spiegelinstrument den Refraktoren überlegen. Der Spiegeldurchmesser des größten in Betrieb befindlichen Instruments beträgt 200 Zoll (5 m). Es ist das Hale-Teleskop der Sternwarte auf dem Mount Palomar, von dessen Größe Abb. 65 einen Eindruck vermittelt. Der Spiegel allein wiegt 9 t. Das Rohr ist 20 m lang, der Kuppelbau 40 m hoch. Zum Vergleich das Spiegelteleskop des französischen Observatoriums Saint-Michel (Abb. 66).
Das größte deutsche Spiegelteleskop mit einem Durchmesser von 2,20 m steht auf dem Calar Alto in Spanien.
Um mit einer Aufnahme größere Himmelsgebiete erfassen zu können, verwendet man Schmidt-Spiegel. In diesem von dem Optiker Bernhard Schmidt von der Hamburger Sternwarte zuerst gebauten sehr lichtstarken Abbildungssystem für astronomische Spiegelfernrohre werden die Abbildungsfehler eines sphärischen Spiegels durch eine Korrektionsplatte (Schmidtsche Platte) beseitigt (Abb. 67). Das große Gesichtsfeld wird dadurch erreicht, daß der sphärische Hauptspiegel größer ist als die Korrektionsplatte, die für diesen Zweck einfach als Blende wirkt.

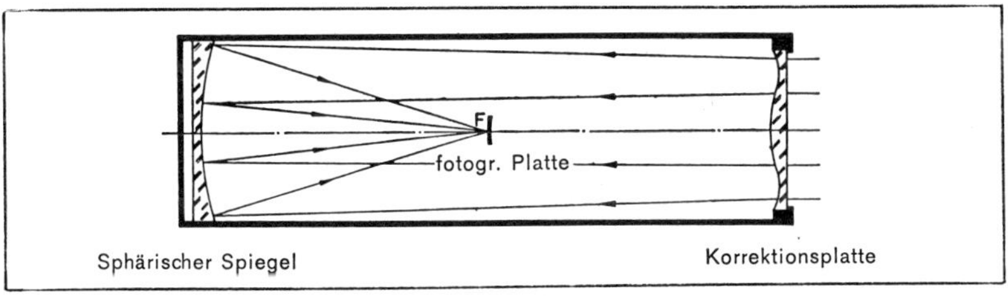

Abb. 67 Grundgedanke des Schmidt-Spiegels

Ein paar Worte noch über die Aufstellung dieser Rohre. In einem ruhenden Fernrohr würde man die Sterne durch das Gesichtsfeld wandern sehen, und zwar bei der Kleinheit des Ausschnittes, den wir überblicken, des Gesichtsfeldes, noch auffälliger als am Himmel. Da man für sorgfältige Messungen den Stern dauernd möglichst genau an derselben Stelle des Gesichtsfeldes zu halten hat, muß das Fernrohr so aufgestellt sein, daß es der täglichen Bewegung nachgeführt werden kann, das heißt, es muß drehbar angeordnet werden.

Folgende Aufstellungen sind möglich:
– Das Rohr ist an einer waagerechten Achse befestigt (Gegengewicht), wie es Abb. 68 a zeigt. Diese Achse ist auf einem Pfeiler angeordnet, der seinerseits um eine senkrechte Achse drehbar ist.
– Die eine Drehachse liegt parallel zur Erd- und Weltachse, um die der Sternhimmel umschwingt. Diese Achse weist also zum Weltpol (Polarachse, Abb. 68 b). Mit dieser fest verbunden ist die Fassung, in der sich die zweite Achse, die Deklinationsachse, senkrecht zur Polarachse drehen kann. Diese Deklinationsachse trägt fest das Fernrohr. Drehen wir das Rohr, das in Abb. 68 b zum Himmelspol zeigt, um die Deklinationsachse, kann es auf jeden gewünschten Abstand vom Pol eingestellt werden. Dreht man dann um die Polarachse, so bestreicht das Rohr einen Kreis parallel zum Himmelsäquator. So findet man jeden Stern, der beobachtet werden soll (Abb. 69).
Kuppelt man, sobald der Stern gefunden ist, diese Achse mit einem Motor, der sie im Laufe eines Tages einmal herumdreht, so bleibt der Stern immer im Gesichtsfeld des Fernrohres. Das ist technisch mit sehr großer Genauigkeit

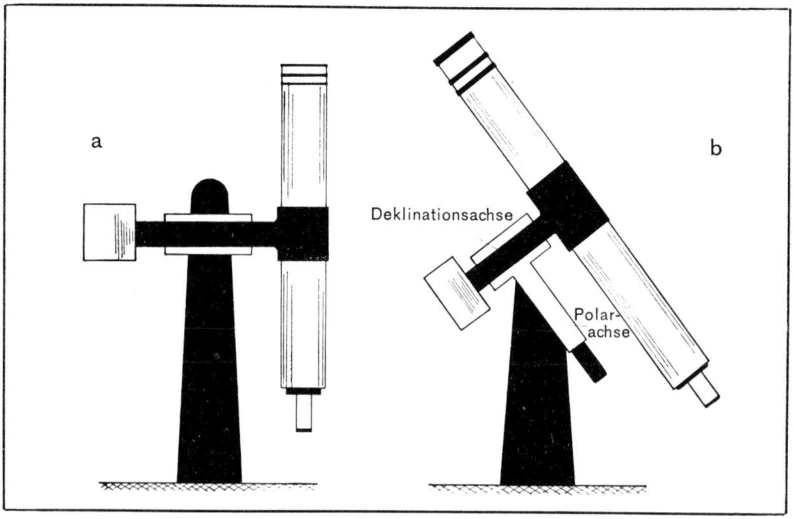

Abb. 68 Azimutale (a) und parallaktische (b) Aufstellung des Fernrohrs

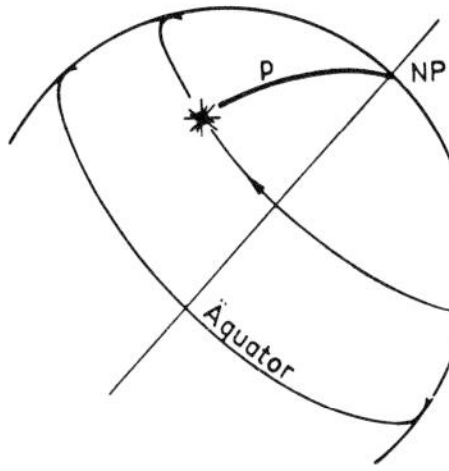

Abb. 69

möglich. Immerhin muß der Beobachter dauernd kontrollieren und eventuell handregulierend eingreifen. Bei diesem Nachführen bewegt sich nun aber auch der Okularkopf; man muß also den Beobachtungssitz nachkommen lassen. In modernen Sternwarten ist der Fußboden der Halle oft als Hebebühne ausgebildet, die maschinell gehoben werden kann (Abb. 62).
Diese Nachführung des Rohres wird auch notwendig bei der Herstellung von Himmelsfotos, die eine gewaltige Erweiterung unserer Sternkenntnisse und unseres Weltbildes ergeben haben.
Wir wissen von der Kamera her: je dunkler, desto länger belichten. Was bei einer *Moment*aufnahme nicht sichtbar wird, zeigt die *Zeit*aufnahme. Der Film oder auch die Platte hat die der Himmelsforschung höchst willkommene Eigenschaft, Lichteindrücke zu addieren. Das soll heißen: Wenn die in einer Hundertstelsekunde eintreffende Lichtmenge zu schwach ist, kann ich so lange immer mehr von diesem an sich schwachen Licht auf dieselbe Stelle fallen lassen, bis die Stelle *belichtet* ist und nach der Entwicklung ein Bild zeigt.
Ist der Stern so lichtschwach, daß er unser Auge – auch im Fernrohr – nicht mehr reizt, dann „sehen" wir ihn nicht, ahnen also nichts von seinem Vorhandensein. Bringen wir aber, statt mit den Augen zu beobachten, im Brennpunkt des Fernrohres eine fotografische Platte an und führen das Rohr, wenn nötig, eine Viertelstunde, eine halbe, mehrere Stunden nach, dann kann die Summe dieser schwachen Lichtmengen doch noch ausreichen, eine Schwärzung der Platte hervorzurufen.
Während wir mit bloßem Auge nur etwa zwölf Sterne der Helligkeit des Aldebarans und vielleicht 40 Sterne der Helligkeit 2, mit dem Auge überhaupt

nur höchstens 2000 Sterne erkennen, sehen wir im Feldstecher schon 50 000, im Fernrohr Millionen, mit den größten Rohren bei Augenbeobachtung vielleicht 50 Millionen Sterne. Die Zahl der fotografisch noch erreichbaren Sterne jedoch steigt ins Unfaßbare. Auch schwache Nebel, die bisher kein Auge sah, schwache Spiralnebel in Hunderten von Millionen Lichtjahren tragen ihre Spur in die Platten ein.

Solche Fotos des Sternhimmels haben zudem noch einen anderen Vorteil: Was man fotografiert hat, kann man getrost nach Hause tragen, das heißt, als Dokument für alle Zeiten aufbewahren und in aller Ruhe mit den raffiniertesten Apparaten auswerten.

Der Himmelsforschung stehen aber heute auch noch ganz anders geartete Hilfsmittel zur Verfügung: die Radioteleskope.

Die Sterne senden nicht nur Licht, sondern auch Strahlen der verschiedensten Wellenlängen aus; nur erreichen sie uns nicht alle, weil die Lufthülle der Erde sie verschluckt. Von den durchgelassenen Strahlungen kann der Mensch mit seinen Sinnesorganen nur das sichtbare Licht wahrnehmen. Diese Lichtstrahlen sind elektromagnetische Wellen, die nur Tausendstel Millimeter lang sind. Die Atmosphäre hält uns aber noch ein zweites Fenster offen: Sie läßt die Strahlungen mit Wellenlängen von 1 cm bis 20 m durch, die Ultrakurzwellen der Radiotechnik. Man hat gelernt, diese Wellen mit kleinen Antennen aufzunehmen, zu verstärken und zu registrieren. Auch sehr schwache Strahlungen lassen sich heute nachweisen. Die ankommenden Wellen werden in Hohlspiegeln gesammelt, in deren Brennpunkt die Antenne steht.

Diese Radioteleskope müssen allerdings entsprechend den viel größeren Wellenlängen große Ausmaße haben.

Das engliche Radioteleskop von Jodrell-Bank hat 76 m Durchmesser, und bei Arecibo auf Puerto Rico steht ein ortsfestes, unbewegliches Radioteleskop von 300 m Spiegeldurchmesser.

In der Eifel bei Effelsberg gibt es ein Radioteleskop mit einem Parabolspiegel von 100 m Durchmesser, das zur Zeit größte Instrument dieser Art in der Welt (Abb. 70).

Mit diesen Radioteleskopen kann man bei Tage beobachten und Objekte ermitteln, die bisher verborgen blieben, weil ihr Lichtstrahl von Wolken kosmischen Staubes verschluckt wurde.

Abb. 70 Das 100-m-Radioteleskop von Effelsberg

Die Sonne

Die Sonne erscheint uns als eine runde, blendend weiße Scheibe größter Helligkeit, die wir nur durch starke Blendgläser oder dicke Wolken hindurch ansehen können. Sie scheint uns von derselben Größe zu sein wie die Scheibe des Vollmondes. Der Durchmesser beträgt nach unserer rohen Messung etwa ½°.

Sind Mond und Sonne gleich groß?

Nein, in Wirklichkeit ist die Sonne viel größer; sie steht aber so viel weiter von uns entfernt, daß sie uns gleich groß erscheint.

Woher wissen wir das? Wie kann man Entfernungen im Weltraum messen? Ermitteln wir als erstes den Abstand des Mondes von der Erde, und betrachten wir dazu Abb. 71.

Der Mond umläuft die Erde in einem Kreis, so daß der Abstand Erdmittelpunkt – Mondmittelpunkt immer derselbe ist. Bei 1 steht der Mond im Aufgang, bei 2 im Zenit des Beobachters B. Man mißt in beiden Fällen mit genauen Winkel-

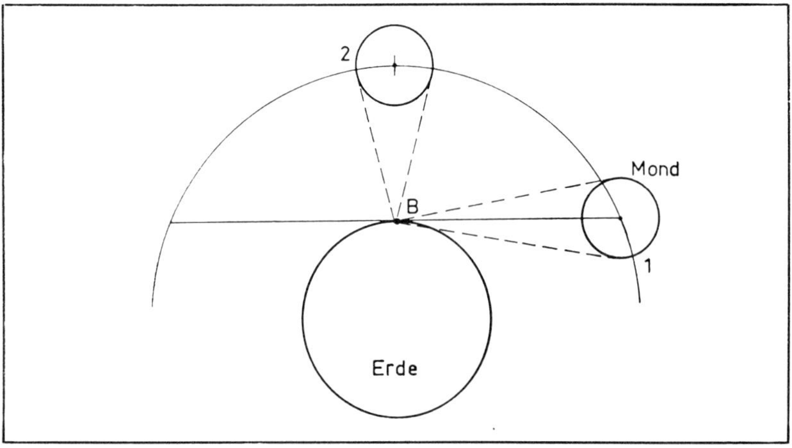

Abb. 71 Bestimmung des Abstandes Erde – Mond

meßinstrumenten seinen Sehwinkel, das heißt den Winkel, unter dem uns die Scheibe am Himmel erscheint. Dabei ergibt sich, daß der Durchmesser der Mondscheibe im Zenit 1/60 größer ist als bei Aufgang. Das kann nur sein, wenn wir ihm bei 2 näher sind, und zwar um 1/60 näher als beim Aufgang. Was folgt? Der Erdhalbmesser, um den wir dem Mond bei 2 näher stehen, macht eine Vergrößerung um 1/60 Mondscheibe aus, das heißt, die Entfernung Erde – Mond muß 60mal so groß sein wie der Erdhalbmesser (6370 km). Also beträgt die Entfernung Erde – Mond 60mal 6370 km. Genaue Messungen ergeben folgendes:

mittlere Entfernung Erde – Mond = 384 400 km

Der Durchmesser des Mondes läßt sich wie folgt ermitteln:
Bestimmt man den Sehwinkel linker Mondrand – Auge des Beobachters – rechter Mondrand, den Winkel 1 in Abb. 72 (Winkel ABC), so kann aus den Dreiecken der Figur der Halbmesser, also auch der Durchmesser, berechnet werden. Er beträgt 3470 km.

Monddurchmesser = 3470 km

Der Mond ist viel kleiner als die Erde – 3470 km entsprechen der Entfernung Narvik – Gibraltar.

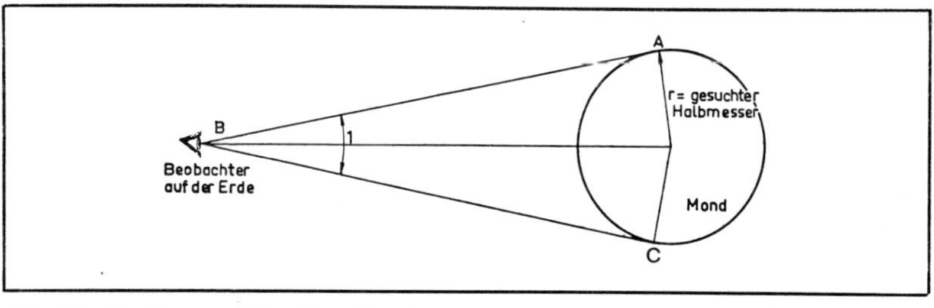

Abb. 72 Bestimmung des Monddurchmessers

Nun zur Sonne: Angenommen, der Mond steht gerade im ersten Viertel. Wenn genau seine Hälfte beleuchtet ist, müssen die von der Sonne kommenden Lichtstrahlen senkrecht zur Schattengrenze einfallen (Abb. 73). Wenn wir den Winkel Mondmittelpunkt – Beobachter B auf der Erde – Sonnenmittelpunkt messen, so ergeben sich natürlich nicht 90°, sondern etwas weniger: 89°51'. Zeichnen wir mit den Winkeln dieser Figur ein Dreieck, so finden wir heraus, daß eine Seite stets 400mal so groß ist wie die andere. Durch Anwendung der Sätze der Trigonometrie ergibt sich, daß die Entfernung Erde – Sonne 400mal so groß ist wie die Entfernung Erde – Mond, also 384 400 km mal 400. Diese Methode ist freilich recht ungenau. Genaue Beobachtungen und Rechnungen ergeben

mittlere Entfernung Erde – Sonne = 149 600 000 km

Das ist eine kaum vorstellbare Entfernung. Sogar das überaus schnelle Licht braucht über acht Minuten, um sie zu durchmessen; ein Zug würde bei ununterbrochener Fahrt 400 Jahre benötigen.

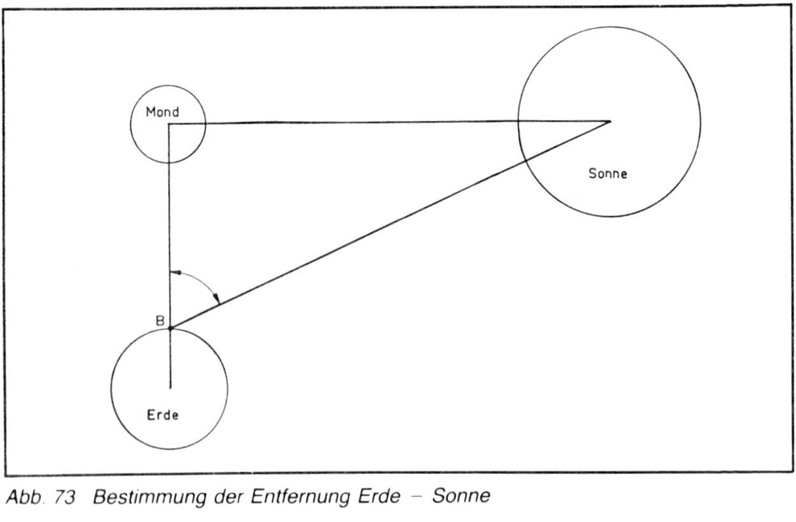

Abb. 73 Bestimmung der Entfernung Erde – Sonne

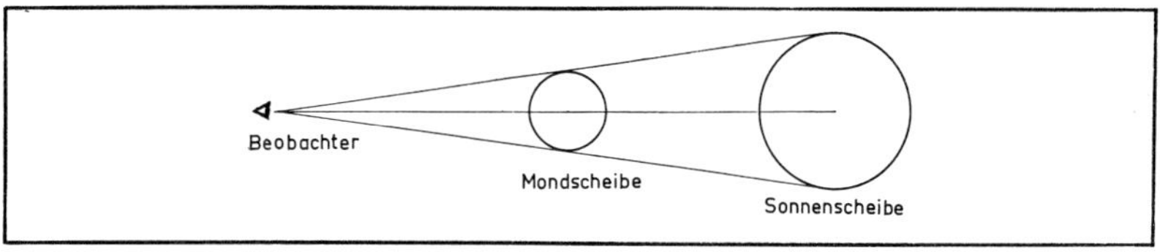

Abb. 74 Der Durchmesser der Sonne

Wenn wir Sonne und Mond unter demselben Winkel sehen, dann muß bei 400facher Entfernung auch der Durchmesser der Sonne 400mal so groß wie der des Mondes sein, also 3470 mal 400 (Abb. 74).

Sonnendurchmesser = 1 392 700 km

Auch das ist eine ungeheuerliche Zahl! Vergleichen wir mit der Erde: Ihr Durchmesser ist 2mal 6370 = 12 740 km. Erst 110 Erdkugeldurchmesser aneinandergereiht ergeben den Durchmesser der Sonne.
Abb. 75 veranschaulicht, wie riesig die Sonne im Vergleich zur Erde ist. Wäre die Sonne hohl, dann würde die Erde mit Mond gut darin Platz haben.

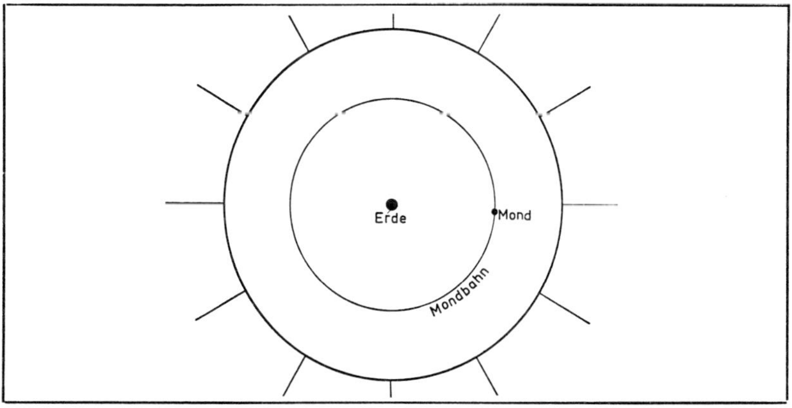

Abb. 75 Erde und Mondbahn würden in der Sonne Platz finden

Es wird klar, daß die Zeichnungen im Maßstab bisher verkehrt angefertigt waren. Das mußte jedoch geschehen, um die Dinge anschaulicher machen zu können.
Folgende Werte ergeben sich (stark abgerundet):

Oberfläche der Sonne: 6 000 000 000 000 km^2,
Inhalt: 1 400 000 000 000 000 000 km^3.

Die Oberfläche ist 12 000mal so groß wie die der Erde, der Rauminhalt 1,3 Millionen mal. 1 300 000 Erdkugeln müßte man zusammenbringen, um den Raum der Sonne auszufüllen. Diese Zahl macht deutlicher noch als Abb. 75, wie gewaltig die Ausmaße der Sonne sind.
Die Sonnenmasse ist jedoch nicht so dicht wie die der Erde, so daß man daraus „nur" 332 000 Erden machen könnte. Rechnet man die Massen aller Planeten zusammen, so vermöchte man 750 Sätze Planeten aus der Sonnenmasse zu machen.
Richten wir nun das Fernrohr auf die Sonne. Wir müssen Blendgläser benutzen, um die Lichtstärke auf ein dem menschlichen Auge zuträgliches Maß herabzusetzen.
Wir sehen eine runde, scharfbegrenzte Scheibe, deren Helligkeit zum Rande hin etwas schwächer ist, was dem Bild ein räumliches Aussehen gibt. Die Oberfläche scheint in sich gemustert, gekörnt zu sein (Granulation). Das Bild ähnelt brodelndem Brei im Topf. Wie wir später hören werden, handelt es sich in der Tat um ähnliche Vorgänge.
In dieser Schicht erscheinen sehr oft *Flecke*, die manchmal sogar mit bloßem Auge zu sehen sind. Schon mit einem kleinen Feldstecher mit vorgehaltenem Blendglas sind sie meist gut auszumachen. Wenn ein solcher Sonnenfleck ohne Glas erkannt werden kann, dann muß er, wie man leicht errechnen kann, mindestens 3 bis 4mal Erddurchmesser groß sein.
Kleinere Flecken, die das Auge nicht mehr sieht, bedecken oft in großer Menge die Sonnenoberfläche (Abb. 76).
Die Bildung und das Vergehen dieser Flecken gehen häufig in kurzer Zeit vor sich, in wenigen Stunden. Manchmal kann man sie aber auch monatelang beobachten. Man sieht dann, daß sie wandern, sieht also, wie die Sonne sich um ihre Achse dreht. Ein Fleck wandert in etwa zwei Wochen von einem Sonnenrand zum anderen, nach etwa vier Wochen erscheint er wieder an derselben Stelle; es ist also eine Umdrehung der Sonne vollendet. Sie läßt es also langsamer angehen als die Erde, die in einem Tag herumkommt.

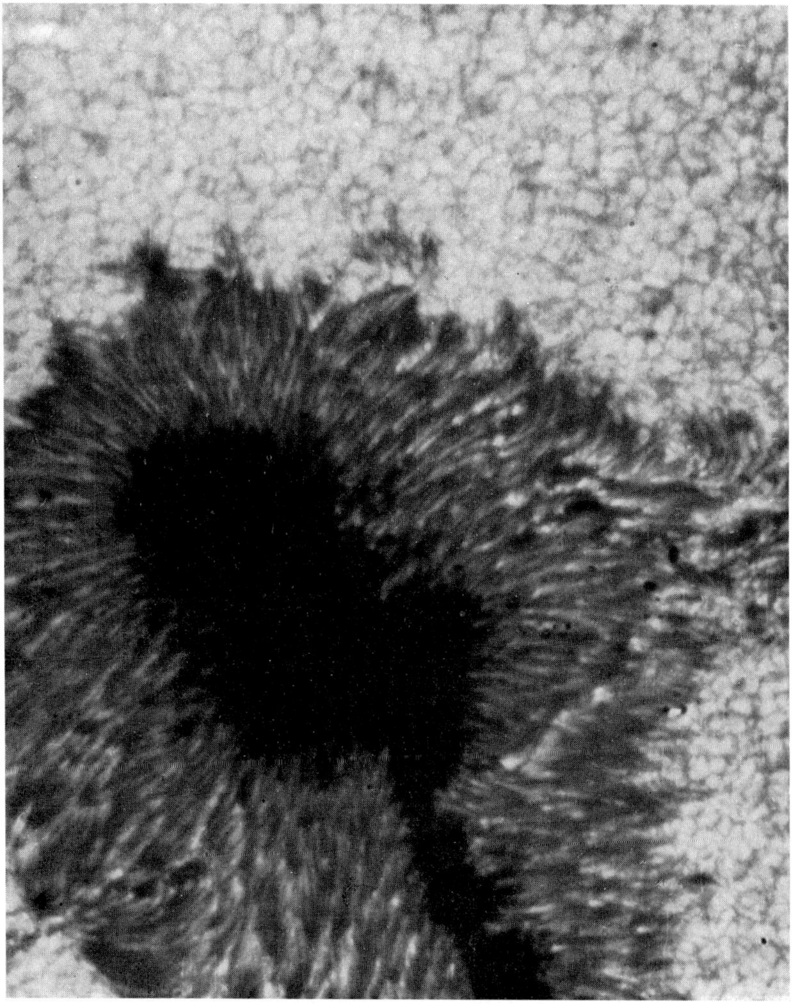

Abb. 76 Sonnenfleck und Umgebung (Aufnahme mit einem Fernrohr, das mit einem Ballon in 30 km Höhe getragen wurde)

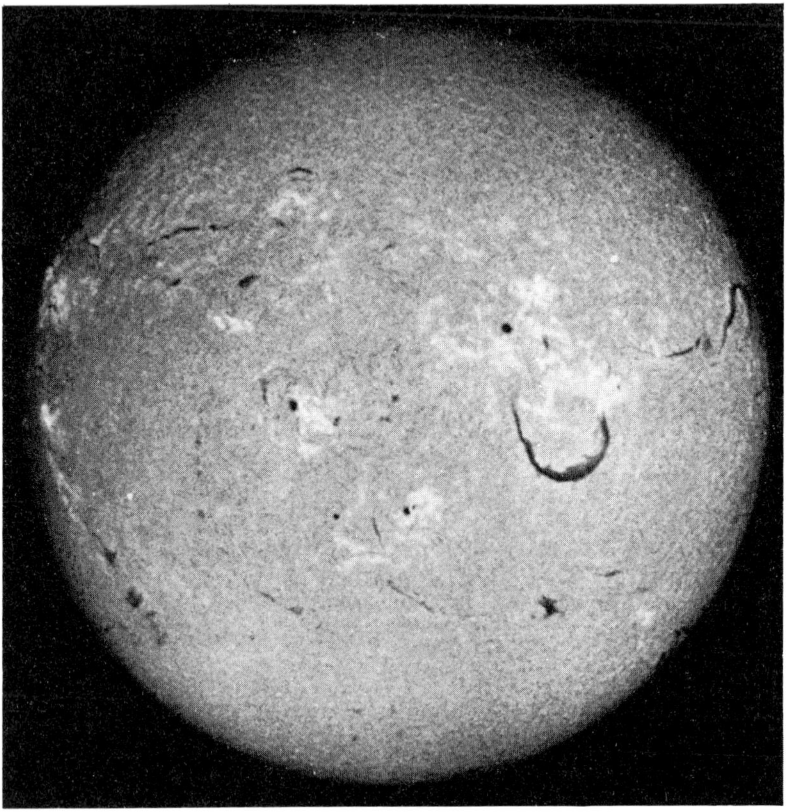

Abb. 77 Aufnahme der Sonne im Licht einer Wasserstofflinie

Über Jahre hindurch beobachtet, zeigen die Sonnenflecken sehr verschiedene Häufigkeit. Die Zeiten größter Häufigkeit wiederholen sich in etwa elf Jahren und stehen in interessantem Zusammenhang mit Vorgängen auf der Erde. Davon später, wenn wir die Natur dieser Flecken ergründet haben.

Die Physik hilft

Ein einfacher Versuch: Sperren wir das Sonnenlicht, das ins Zimmer fällt, durch eine Pappscheibe ab, die einen waagerechten Schlitz hat. Das Licht ist dann zu einem schmalen Streifen abgeblendet, der auf der Gegenwand einen weißen Strich (Bild des Pappausschnittes) erzeugt. Bringen wir einen Glaskörper in Form eines Daches, ein *Prisma* (Abb. 78), so in den Weg des Lichtstrahls, daß eine Kante des Prismas parallel zum Spalt steht, ist der weiße Strich auf der Gegenwand weg. Statt dessen sehen wir etwas tiefer an der Wand ein ganzes Rechteck, dessen oberer Rand rot, dessen unterer Rand violett ist.

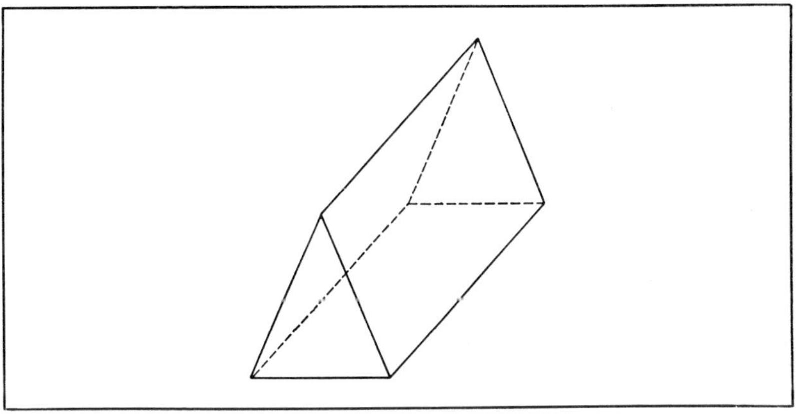

Abb. 78 Prisma

Was ist geschen?

– Der Lichtstrahl ist aus seiner Richtung abgelenkt (gebrochen, wie der Physiker sagt).

– Der Lichtstrahl ist auseinandergezogen in ein Band mit farbigen Rändern.

Mache ich den Spalt immer schmaler, dann erhalte ich in der Mitte überhaupt kein Weiß mehr, sondern eine ununterbrochene Farbfolge (Rot, Orange, Gelb, Grün, Blau, Violett) mit allmählichen schönen Übergängen: das *Spektrum* (Abb. 79).
Diese Farbfolge, entstanden durch die Zerlegung des weißen Lichtes, kennen wir – etwas verwaschen oft – vom Regenbogen her (Regentropfen als Prisma).
Die sichtbaren, das heißt von unserem Auge wahrgenommenen Farben sind jedoch noch nicht alles: Auch in A in Abb. 79 ist noch ein Bestandteil des Sonnenlichtes nachzuweisen, freilich nur mit dem Thermometer (Wärmestrahl); ebenso in B die *Ultraviolett*strahlung, dies jedoch nur chemisch oder fotografisch.
Aus allen diesen Bestandteilen setzt sich also unser Licht zusammen.
Sammle ich die Strahlen, indem ich etwa in C eine Sammellinse anbringe, die alles Licht in einen Streifen zusammenholt, dann erscheint wieder ein weißes Spaltbild. Alle Strahlen auf einmal ergeben Weiß. Scheide ich aber durch

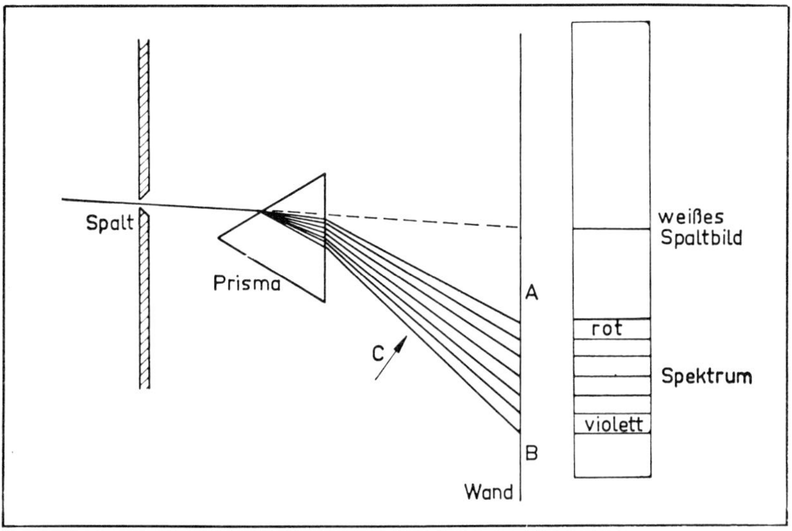

Abb. 79 Gewinnung des Spektrums

Ausblenden eine Farbe, etwa Blau, aus, dann erhalte ich kein Weiß mehr, sondern rötliches Licht. *Alle* Bestandteile sind nötig, um in unserem Auge den Farbeindruck Weiß hervorzurufen.
Drehen wir einen Farbkreisel wie in Abb. 80 schnell genug herum, so sehen wir nicht mehr die Einzelfarben, sondern eine *weiße* Scheibe.

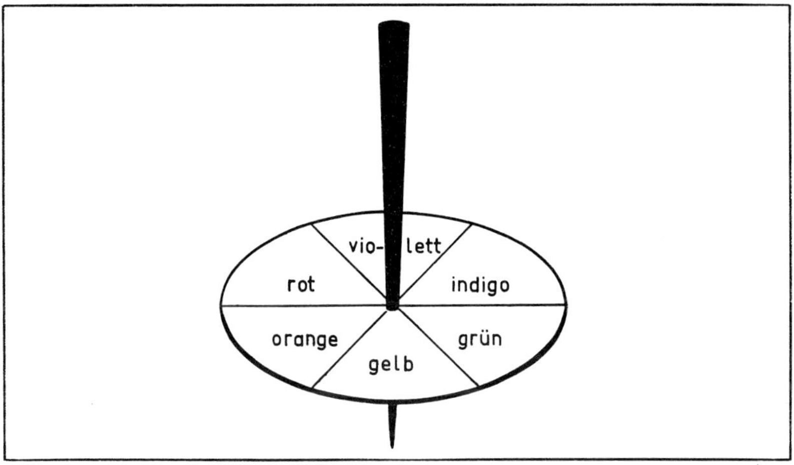

Abb. 80 Farbkreisel

Als die Forscher diese Dinge weiter untersuchten, machten sie beim Sonnenlicht eine merkwürdige Entdeckung: In dem von Ihnen durch mehr Prismen weiter auseinandergezogenen Spektrum fanden sich dunkle Linien senkrecht zur Längsrichtung des Spektrums, als wenn gewisse Farbnuancen ausgelöscht seien. Sie traten immer wieder an derselben Stelle auf.
Diese Linien, um deren Erforschung sich ihr Entdecker, der Deutsche Fraunhofer, sehr verdient gemacht hat – wir sprechen daher von Fraunhoferschen Linien –, sind in sehr großer Zahl vorhanden. Fraunhofer selbst fand schon 600. Heute kann man das Spektrum auf 30 m auseinanderziehen und kennt darin mindestens 20 000 Linien (Abb. 81).
Wie entstehen diese Linien, und was bedeuten sie?

Abb. 81 Spektrum

Untersuche ich das Licht, das ein heißer, glühender Körper aussendet, etwa ein glühendes Stück Metall, erhalte ich ein fortlaufendes Farbspektrum (*kontinuierliches* Spektrum) *ohne* Linien.
Bei Temperaturen von 4000° und mehr aber verdampfen die meisten Stoffe und senden ein für sie eigentümlich gefärbtes Licht aus, zum Beispiel das Natrium (im Kochsalz enthalten), oder, wenn man es in einer Gasflamme verdampft, gelbes Licht.
Untersuche ich diese Dämpfe, dann beobachte ich ein ganz anderes Spektrum, nur einige *helle* Linien auf dunklem Grund. Die Zahl und Lage dieser Linien ist bei jedem Stoff, den ich verdampfe, anders. So liefert das Natrium eine gelbe Linie, die sich bei näherer Betrachtung als eine Doppellinie herausstellt (Abb. 82), andere Stoffe haben viel mehr Linien, das Eisen zum Beispiel über 1000.

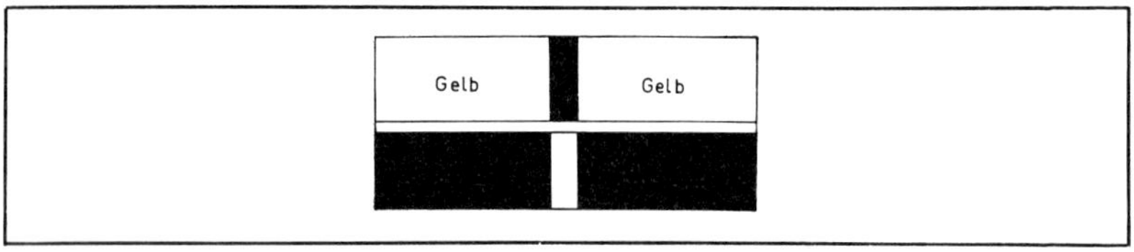

Abb. 82 Ausschnitt aus dem kontinuierlichen Sonnenspektrum (Natriumlinie), darunter helle Linie des Linienspektrums des Natriumdampfes

Ich kann Lage und Zahl der Linien für jeden Stoff messend festlegen. Verdampfe ich einen mir noch unbekannten Stoff, so läßt sich an den auftretenden Linien erkennen, ob es sich um Natrium, Eisen oder welchen Stoff immer handelt. Diese *Spektralanalyse* ist ein sehr wirksames Hilfsmittel des Chemikers geworden.

Die hellen Linien liegen an derselben Stelle, wo beim Sonnenspektrum dunkle Linien auftreten. Besteht da ein Zusammenhang?
Erzeuge ich in einem Spektralapparat das Spektrum eines glühenden Dampfes, etwa Natrium, so ergibt sich auf dunklem Grund die bekannte helle Linie. Lasse ich aber außerdem das helle Licht weißglühenden Kalks auf das Prisma fallen (Abb. 83), erhalte ich das Farbband dieses glühenden festen Körpers und genau an der Stelle der hellen Linien des Natriums jetzt dunkle Linien. Ein Teil der von der Lichtquelle ausgehenden weißen Strahlen ist also von den Metalldämpfen ausgelöscht, *absorbiert* worden.
Je dicker die absorbierende Schicht ist, desto stärker wird die Linie verdunkelt. Blenden wir durch eine Pappscheibe das weiße Kalklicht ab, so wird die Linie sofort wieder hell.
Eine Wiederholung mit immer wieder anderen Stoffen zeigt, daß diese Absorption nur dann eintritt, wenn die Temperatur des absorbierenden Gases *niedriger* ist als die der strahlenden Lichtquelle.
Angewandt auf die Sonne und ihr Spektrum bedeutet das: Um die eigentlich strahlende, leuchtende Schicht der Sonne, die *Photosphäre*, müssen Gase liegen, die kälter sind als die Leuchtschicht.
Diese kältere Schicht, die Sonnen„atmosphäre", ist aber auch noch sehr heiß, denn sie enthält Gase von Stoffen, die bei uns normalerweise nur in festem Zustand vorkommen, unter anderem Natrium.

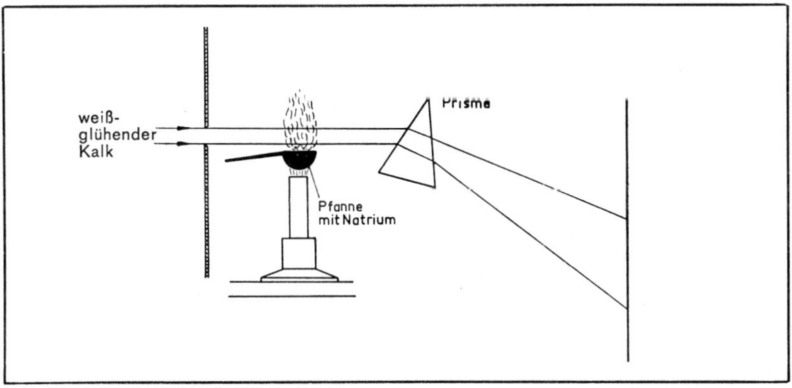

Abb. 83

Wir untersuchen nun alle Stoffe, die wir auf der Erde kennen, und stellen ihre Spektrallinien fest. Finden sich dieselben Linien im Sonnenspektrum, dann ist nachgewiesen, daß diese Stoffe auch auf der Sonne vorhanden sind. Ergebnis: Eisen, Nickel, Wasserstoff, Sauerstoff . . . kurz alle uns bekannten Stoffe sind auch an der Sonnenoberfläche nachzuweisen, und zwar in dampfförmigem Zustand. Einen ungeheuren Schritt hat die menschliche Erkenntnis vorwärtsgetan und die chemische Natur eines Körpers untersuchen gelernt, der 150 000 000 km von der Erde entfernt ist!
Jeder Stoff hat seine bestimmte Temperatur, bei der er schmilzt und verdampft. Zum Beispiel wird Eisen bei 1500° flüssig und beginnt bei 3000° zu verdampfen. Die höchsten Verdampfungstemperaturen liegen zwischen 4000 und 6000°. Wenn diese Stoffe auf der Sonnenoberfläche also in gasförmigem Zustand vorhanden sind, muß sie derartig hohe Temperaturen haben.
Über die Temperatur eines Strahlers bekommen wir noch auf eine andere Art Auskunft: Bringen wir einen Eisendraht zum Glühen, so wird er bei etwa 500° in Rotglut geraten und mit zunehmender Temperatur immer heller zu leuchten beginnen, erst rötlich-gelb, dann fortwährend gelber. Im Spektrum überwiegt demgemäß zuerst das Rot, bei steigender Temperatur gewinnen die helleren Farben mehr an Kraft.
Genauer: Mit zunehmender Temperatur verschiebt sich die hellste Stelle des Spektrums, und zwar zum Violett hin. Mißt man also die Helligkeit in den verschiedenen Farben des Spektrums, so ergibt sich daraus ein Maß für die Temperatur des lichtaussendenden Körpers.
Es läßt sich andererseits aber auch messen, wie stark die Sonnenstrahlen noch sind, wenn sie auf der Erde anlangen. Diese äußerst schwierige Messung kann man heute mit ziemlicher Sicherheit machen. Es stört dabei freilich die Lufthülle der Erde, die einen großen Teil der Sonnenstrahlung absorbiert, verschluckt. Man macht diese Messungen deshalb auf hohen Bergen, zum Beispiel auf dem kahlen, 2700 m hohen Montezuma in den chilenischen Anden, wo die Luft trocken und dünn, die Absorption also denkbar gering ist. Bei Berücksichtigung aller Fehlerquellen ergibt sich, daß die Sonne jedem Quadratzentimeter der Erde in jeder Minute zwei kleine Kalorien zustrahlt. Das ist soviel Wärme, wie man braucht, um ein Gramm Wasser um zwei Grad zu erwärmen.
Das scheint wenig, aber über die ganze Erdoberfläche kommen riesige Zahlen heraus. Die Sonne könnte eine Eisschicht von 40 m Dicke rings um die Erde in einem Jahr wegschmelzen. Bedenken wir ferner, daß die Erde nur einen

verschwindend kleinen Anteil der Strahlung erhält, die von der Sonne nach allen Richtungen verschwenderisch ausgesandt wird (den 2 700 000 000. Teil!).
Da wir die Entfernung der Sonne von der Erde kennen, läßt sich ausrechnen, wieviel Energie die Sonne ausstrahlen muß, um auf der Erde noch diese Wirkung auszuüben, wie riesig die Lichtstärke einer Lampe sein müßte, die ähnlich strahlte wie die Sonne.
Diese Zahl gibt uns auch einen Anhalt für die Temperatur, welche die Sonne haben muß. Auch aus diesen Messungen und Rechnungen ergibt sich der Wert 6000° für die Oberflächentemperatur, wie er nach den Spektraluntersuchungsergebnissen angenommen werden mußte.
Wie ist es möglich, daß die Sonne derartig riesige Energiemengen in den Weltraum hinausstrahlt, ohne dabei selbst zu erkalten? Sie gibt doch diese Energiemengen schon Millionen von Jahren ab, und eine Abkühlung konnte nicht beobachtet werden.
Zunächst vermutete man, daß eine reine Verbrennung vorliegt. Aber dann müßte die Sonne sich in einigen Zehntausenden von Jahren völlig verzehrt haben. Dann nahm man an, daß aus dem Weltraum kommende Brocken (Meteore) in die Sonne stürzend ihre Energie abgäben und damit den Ersatz lieferten. Wenn man damit die Leistung der Sonne erklären will, kommt man auf so große Massen, daß das ganze Sonne-Planetensystem durch sie in Unordnung geriete. Und irgendwelche Änderungen im Planetensystem sind nicht beobachtet worden. Auch die Vorstellung einer Schrumpfung der Sonnenkugel kann nicht aufrechterhalten werden.
Dagegen liefern die Ergebnisse der modernen Atomforschung eine mögliche Erklärung. Man muß annehmen, daß im Innern der Sonne sehr hohe Temperaturen herrschen, im Mittelpunkt 20 Millionen Grad. Bei so hohen Temperaturen besitzen die Atome derartig hohe Geschwindigkeiten, daß bei ihren Zusammenstößen Atom-Umwandlungen eintreten, und zwar entstehen dabei aus Wasserstoff-Atomkernen Helium-Atomkerne.
Bei diesem Prozeß werden ungeheure Energiemengen frei, die allerdings mit einem Massenverlust einhergehen. Angesichts der großen Masse der Sonne ist dieser Verlust jedoch so gering, daß sie noch Billionen von Jahren ausreichen wird, um die Energieverluste durch Ausstrahlung zu decken. In den fünf Milliarden Jahren ihres Bestehens hat die Sonne erst einen kleinen Teil ihrer Masse verloren. Auch der „Brennstoff", Wasserstoff-Atomkerne, sind ausreichend vorhanden, denn die Sonne besteht größtenteils aus Wasserstoff.

Abb. 84 Korona

Die Sonnenoberfläche also ein Meer glühender Dämpfe! Da können nicht immer geordnete Verhältnisse herrschen. Das sieht man so recht, wenn die Sonnenscheibe abgeblendet wird, wie das bei einer totalen Sonnenfinsternis der Fall ist. Die Astronomen reisen deshalb auch weit, um derartige Sonnenfinsternisse zu beobachten, die naturgemäß nicht auf der ganzen Erde zu sehen sind. Abb. 84 ist auf einer solchen Expedition aufgenommen worden. Ein heller Strahlenkranz von phantastischem Aussehen umgibt die Sonne, allmählich in das Dunkel des Weltalls übergehend. Und in dieser *Korona* der Sonne sieht man plötzlich aufflammende Fackelbrände, die *Protuberanzen* (Abb. 85).

Wenn man die Spektralwissenschaft befragt, erfährt man, daß es sich dabei um glühende Gase handelt, die mit einer unvorstellbaren Wucht weit von der Sonne weggeschleudert werden. Man ist heute nicht mehr auf eine Sonnenfinsternis angewiesen; durch spezielle Protuberanzen-Fernrohre sieht man diese Erscheinungen zu jeder Zeit und an jeder Stelle der Sonne aufschießen. Sie sind ungeheuerlich in ihrer Größe; man sah sie innerhalb weniger Stunden schon über 800 000 km aufsteigen.
Die Oberfläche der Sonne ist in brodelnder Bewegung. Oberflächenstücke von der Größe Deutschlands entstehen und vergehen in Minuten. In dieser bro-

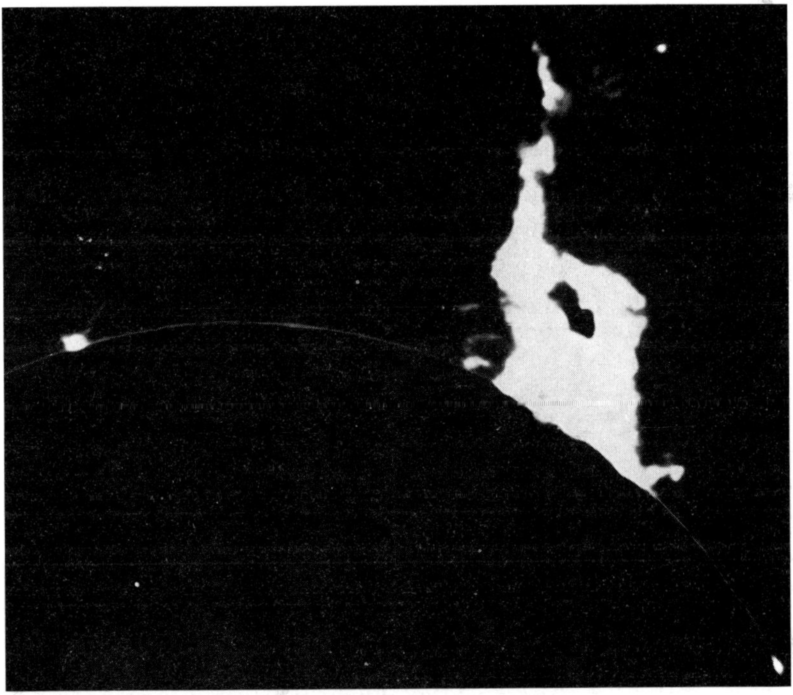

Abb. 85 Protuberanz (Höhe über dem Sonnenrand 400 000 km)

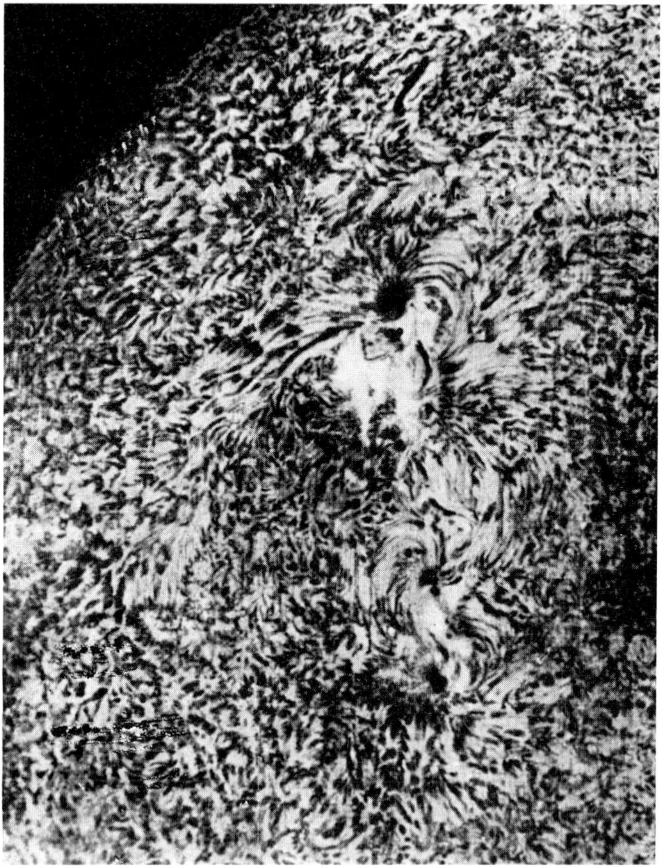

Abb. 86 Wirbel in der Umgebung von Sonnenflecken (Aufnahme im Licht einer Wasserstofflinie)

delnden Sonnenoberfläche erscheinen dunklere Stellen, kleine Poren. In ihrer Umgebung ist der Stoff spiralförmig angeordnet, wie es die unter besonderen Verhältnissen aufgenommene Abb. 86 zeigt (Aufnahme im „einfarbigen“ Licht des Wasserstoffs).
Große Poren sind Sonnenflecke. Sie treten oft paarweise auf. Diese Störungsgebiete der Photosphäre ziehen die darüberliegenden Gasmassen der Sonnenatmosphäre in gewaltige Wirbel, die wie Orkane und Stürme der Erdatmosphäre toben. Elektrische Untersuchungsmethoden zeigen, daß es sich um Wirbel elektrisch aufgeladener Teile handelt, die ein Magnetfeld erzeugen. Und in der Tat, mit dem Kraftlinienbild eines großen Magneten hat die Abb. 86 große Ähnlichkeit.
Diese durch den Wirbel hochgerissenen Gasmassen kühlen sich stark ab, erscheinen uns also dunkler als die Umgebung, als Fleck auf der Leuchtschicht der Sonne. Nur wenn wir einen derartigen Wirbel gerade am Sonnenrand von der Seite sehen, erscheint er uns hell, als Protuberanz.
Die Wirbelbildung kann so lebhaft sein, daß feinste Teilchen bis in die Erdatmosphäre abgeschleudert werden. Diese erzeugen dann im Magnetfeld der Erde Störungen und bringen die leuchtenden Nordlichter.
Die Zeit größter Häufigkeit der Sonnenflecken ist in der Tat die Zeit stärkster Störungen des Kurzwellenfunkverkehrs, erdmagnetischer Störungen und stärkster Nordlicht-Tätigkeit auf der Erde.
Weitere Zusammenhänge wie Einflüsse auf die Erdbebenhäufigkeit, Niederschläge usw. sind wahrscheinlich.
Fassen wir zusammen:
Die Sonne besteht aus denselben Stoffen wie die Erde, ist aber ein glühender Ball, dessen leuchtende Schicht eine Temperatur von 6000° hat (Photosphäre). Im Inneren herrschen viel höhere Temperaturen.
Die Photosphäre ist gekörnt, läßt heiße, schnell wechselnde Ströme und Felder erkennen. Darüber liegt die etwas kühlere Gasschicht der Chromosphäre, die bei Finsternissen als rötlicher Rand der Sonne erscheint. Aus dieser Schicht lodern die Protuberanzen noch weit empor.
Sonnenflecke sind Störungsgebiete der Photosphäre, die aber die ganze Chromosphäre darüber in Wirbel ziehen und deren magnetische Felder die Erde stark beeinflussen können.

Planeten

Um das gewaltige Zentralgestirn Sonne kreist die Erde – doch nicht die Erde allein, sondern auch die anderen Wandelsterne, die zusammen mit der Sonne das *Sonnensystem* bilden. Bekannt sind bisher neun große und viele kleine. Sie alle senden kein eigenes Licht aus, sondern werden von der Sonne beschienen.

Der Sonne am nächsten steht der *Merkur*, es folgt in doppeltem Abstand – wer genauere Zahlen wünscht, muß das Zahlenmaterial im Anhang des Buches heranziehen oder sich Astronomielehrbücher kaufen – die *Venus*, als Abend- und Morgenstern bekannt. 100 Millionen Kilometer ist sie vom Sonnenmittelpunkt entfernt. Es folgt die Erde mit 150 Millionen Kilometern. Der nächste Planet, der *Mars*, bleibt 230 Millionen Kilometer von der Sonne ab, der dann folgende nächste, der *Jupiter*, schon 780 Millionen Kilometer (Abb. 87).

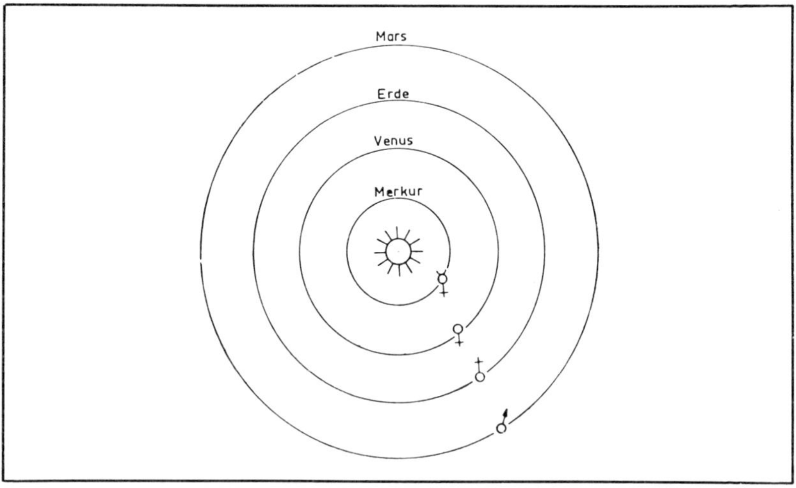

Abb. 87 Bahnen der sonnennahen Planeten im richtigen Verhältnis

Zwischen Mars und Jupiter kreisen eine große Anzahl kleiner und kleinster Himmelskörper, die *Planetoiden*, die vielleicht Trümmer eines großen Planeten sind, den in unendlich fernen Zeiten ein Weltenschicksal vernichtete.
Der nächste Planet, der *Saturn*, ist noch einmal so weit entfernt wie der Jupiter. Riesensterne müssen es sein, wenn sie uns in dieser Entfernung, von der Sonne beschienen, noch als helle Sterne erscheinen und mit dem bloßen Auge wahrgenommen werden können. Sie sind schon lange bekannt, und man entdeckte erst in den letzten Jahrhunderten, daß noch weitere Planeten zu unserem System gehören, die wir aber mit bloßem Auge nicht mehr erkennen können, der *Uranus* (2 870 000 000 km) und *Neptun* (4 500 000 000 km). Und erst seit 1930 kennt man den *Pluto*, der im Abstand von 5 910 000 000 km seine gewaltige Kreisbahn um die Sonne zieht, nur in großen Fernrohren noch erkennbar (Abb. 88).

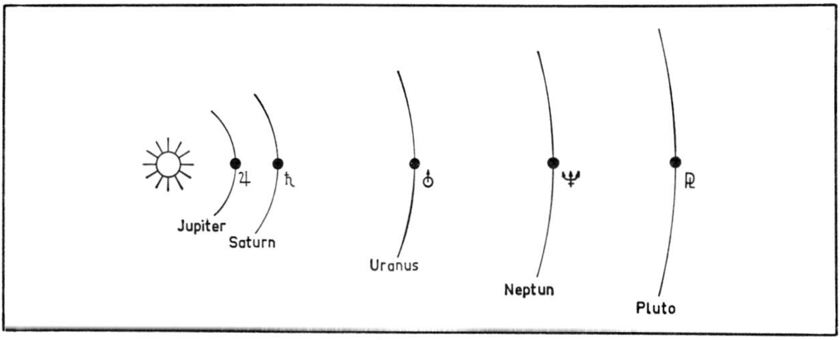

Abb. 88 Bahnen der sonnenfernen Planeten

Alle Bahnen liegen fast in einer Ebene, sie sind genaugenommen keine Kreise, sondern Ellipsen, wie man sie nach der Anleitung in Abb. 89 zeichnen kann. Die Abweichung dieser Ellipsenbahnen der Planeten von der Kreisform ist aber nicht immer sehr stark.
Die Sonne steht, wie das 1. Keplersche Gesetz aussagt, nicht im Mittelpunkt dieser Ellipse, sondern in dem einen Brennpunkt, etwas außerhalb des Ellipsenmittelpunktes (Abb. 90).

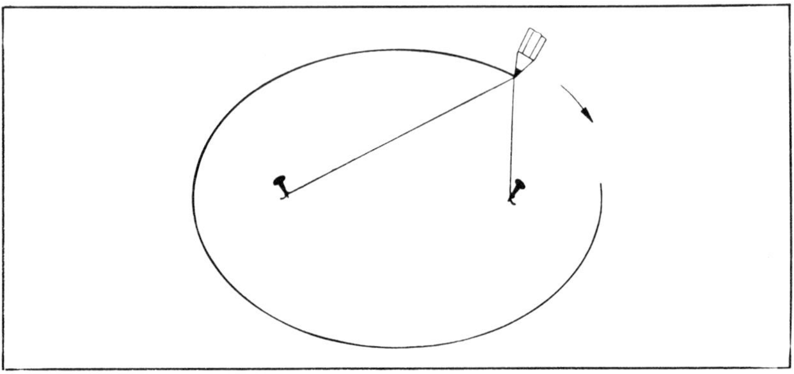

Abb. 89 So kann man eine Ellipse zeichnen

Alle Planeten durchlaufen diese Bahn in demselben Sinne wie die Erde, und zwar in demselben Sinne, in dem auch die Erde sich um ihre Achse dreht und in dem der Mond um die Erde kreist, von Westen nach Osten.
Die Bahnen sind um kleine Winkel gegeneinander geneigt.
Die Geschwindigkeit eines Planeten auf seiner Bahn ist nicht immer dieselbe.

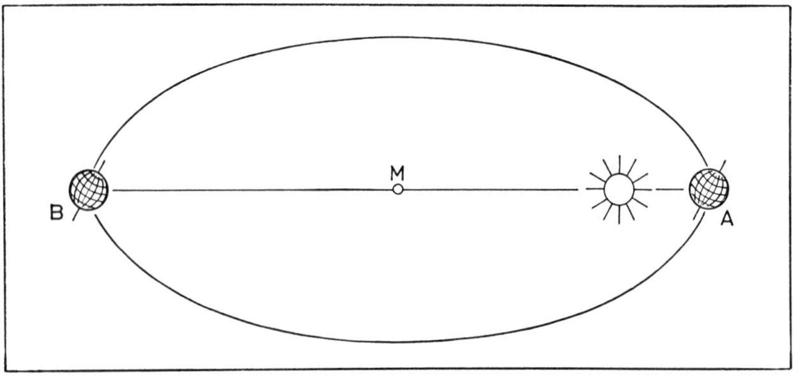

Abb. 90 Die Sonne steht im Brennpunkt der Ellipsenbahn

Wenn wir wissen, daß die Massenanziehungskraft auch zwischen den Sternen wirksam ist und daß diese Kraft von der Entfernung abhängt, genauer mit dem Quadrat der Entfernung der beiden Körper abnimmt (in doppelter Entfernung ist sie also nur noch ein Viertel), und nun bedenken, daß die Sonne im Brennpunkt, nicht im Mittelpunkt der Ellipse steht, dann wird klar, daß der Planet in Punkt A seiner Bahn (Abb. 90), also in Sonnennähe, schneller herumgezogen wird als in Punkt B, in Sonnenferne. Diesen Sachverhalt drückt das 2. Keplersche Gesetz in mathematisch einwandfreier Form aus:
„Die Verbindungslinie Sonne – Planet überstreicht in gleichen Zeiträumen gleiche Flächen.“ (Abb. 91).

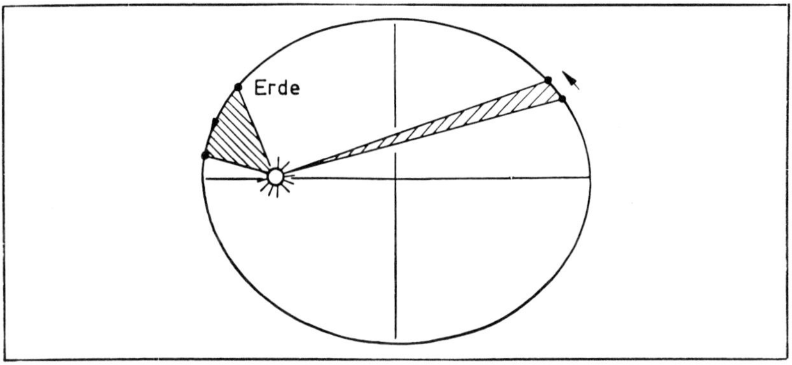

Abb. 91 Flächensatz

Aus den verschieden großen Geschwindigkeiten ergibt sich die verschiedene Dauer der einzelnen Jahreszeiten. Unser Winterhalbjahr vom 23. September bis 21. März ist sieben Tage kürzer als das Sommerhalbjahr vom 21. März bis 23. September. Die Erde steht im Winter in Sonnennähe – ein scheinbarer Widerspruch. Er löst sich, wenn man bedenkt, daß die Sonnenstrahlen im Sommer in Deutschland steiler einfallen und länger einwirken als im Winter.
Wie lange brauchen die Planeten, um einmal um die Sonne herumzukommen? Je länger der Weg, desto größer ihre Umlaufzeit, ihr „Jahr“, wie die folgende Aufstellung zeigt:

Merkur		88 Tage
Venus		243 Tage
Erde		365 Tage
Mars	1 Jahr	322 Tage
Jupiter	11 Jahre	315 Tage
Saturn	29 Jahre	167 Tage
Uranus	84 Jahre	7 Tage
Neptun	164 Jahre	280 Tage
Pluto	249 Jahre	

Zwischen diesen Umlaufszeiten und den Halbmessern der Planetenbahn besteht ein Zusammenhang, den das 3. Keplersche Gesetz festlegt:
„Die Quadrate der Umlaufszeiten der Planeten verhalten sich wie die dritten Potenzen der großen Achsen ihrer Bahnen."
Rechnen wir die Geschwindigkeiten in dem uns geläufigen Maß Kilometer pro Sekunde aus, so erhalten wir abgerundet folgende Zahlen:

Merkur	48 km/s
Venus	35
Erde	30
Mars	24
Jupiter	13
Saturn	10
Uranus	7
Neptun	5
Pluto	5

30 km in jeder Sekunde rast also die Erde auf ihrem Wege um die Sonne durch den Weltenraum? Ja, warum fliegen wir denn nicht mit dieser Geschwindigkeit geradlinig in den Weltenraum weg? Das Massenanziehungsgesetz erklärt es uns:
„Jeder Körper zieht den anderen an, und zwar um so stärker, je größer seine Masse und je näher er ihm ist."
Während der Planet seine augenblickliche Geschwindigkeit und Richtung an sich (Trägheitsgesetz) beibehalten würde, wenn keine anderen Kräfte wirksam wären, wird er von der im Verhältnis zu ihm riesig großen Sonne so angezogen, aus seiner beabsichtigten Bahn abgelenkt, daß eine Kreisbahn entsteht.

Stellen wir die Größenverhältnisse der Planeten zeichnerisch dar (Abb. 92), dann sehen wir, daß die Abnahme der Entfernung nicht etwa mit einer Verkleinerung einhergeht.

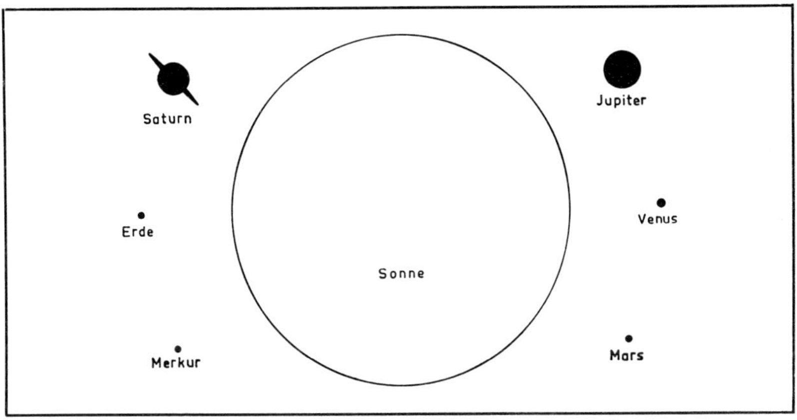

Abb. 92 Größe von Sonne und Planeten im richtigen Verhältnis

Der Abendstern

Von den Planeten, die man für die Schiffsortbestimmung beobachten kann, ist einer sogar am Tage zu sehen: die Venus.
Wir müßten eigentlich erst vom Merkur sprechen, aber da dieser Planet seine Bahn sehr eng um die Sonne legt, also nicht weit von ihr entfernt stehen kann, wird er meistens von ihr überstrahlt und kann nur unter besonderen Umständen mit bloßem Auge beobachtet werden. Dieser Himmelskörper kehrt der Sonne wahrscheinlich stets dieselbe Seite zu und ist daher recht ausgedörrt und besitzt fast keine Lufthülle.
Wenden wir unsere Aufmerksamkeit der Venus zu, die auch als Abend- und Morgenstern bekannt ist. Ihr Abstand von der Sonne beträgt ungefähr 110 Millionen Kilometer; sie kann also auf ihrer Bahn, wie es Abb. 93 zeigt, der Erde sehr nahekommen (bis auf 41 Millionen Kilometer in 1 in der Abb.), sich aber auch bis auf 257 Millionen Kilometer entfernen (2). Sie erscheint uns dabei verschieden hell und verschieden groß (Abb. 94). Ihre maximale Hellig-

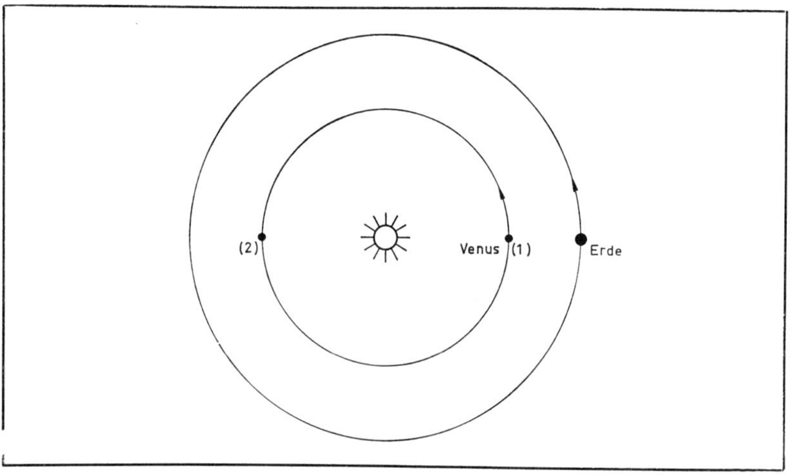

Abb. 93 Bahnen von Venus und Erde um die Sonne

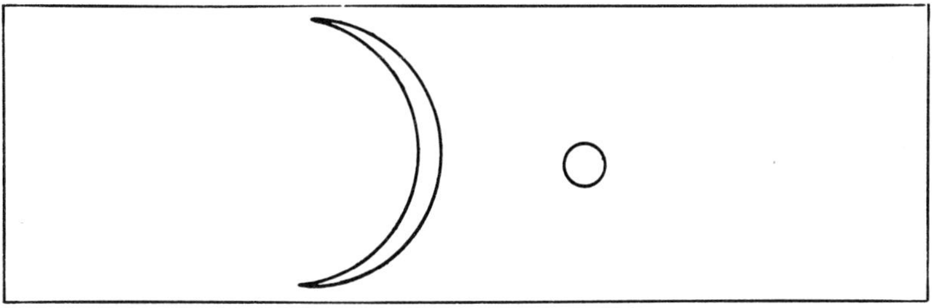

Abb. 94 Vollvenus und schmale Sichel im richtigen Verhältnis

keit läßt Gegenstände in ihrem Licht Schatten werfen. Im Fernrohr erscheint sie als Sichel, als volle Scheibe usw. Das heißt, sie hat Phasen, wie wir sie vom Mond her kennen. Abb. 95 verdeutlicht, wie wir uns diese Phasen zu

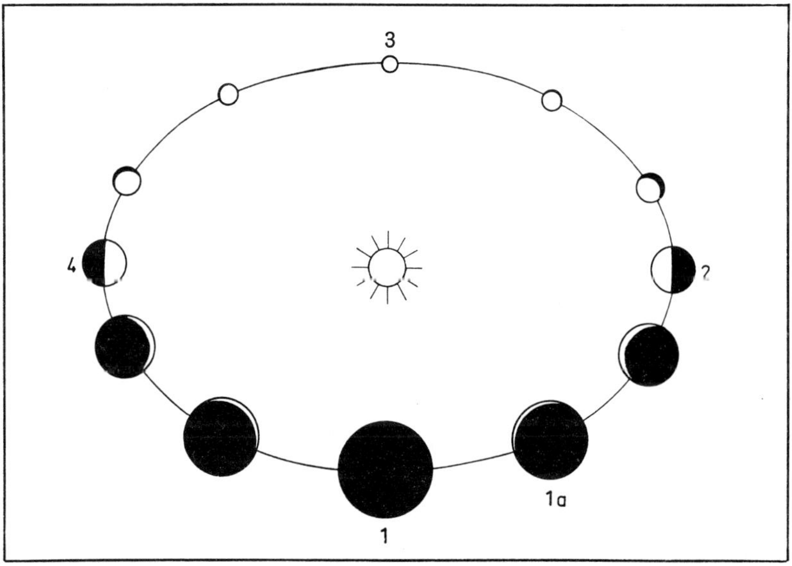

Abb. 95 Erklärung der Venus-Phasen

erklären haben. Wenn der Beobachter auf der Erde Sonne und Venusbahn so sieht wie in Abb. 95, wird die Venus ihm in 1 die unbeleuchtete Seite zukehren (wie Neumond möchte man „Neuvenus" sagen), in 3 wird er ihre volle Scheibe sehen (Vollvenus), in 2 und 4 werden erstes und letztes Viertel beobachtet. In 1 a wird eine schwache Sichel erscheinen, die der Erde jedoch soviel näher ist als die Vollvenus in 3, daß man sie wesentlich heller sieht, etwa wie in Abb. 94.
Wie Abb. 96 zeigt, kann die Venus sich um nicht mehr als 47° von der Blickrichtung Sonne – Erde entfernen. Sie geht also immer eine gewisse Zeit vor oder nach der Sonne auf oder unter und ist niemals nachts am Himmel zu sehen wie die außerhalb der Erdbahn stehenden Planeten Jupiter und Saturn.
Früher meinte man, es gäbe einen Morgenstern und einen Abendstern. Doch die Venus ist, wie wir sehen, beides in einem. Wenn sie sich in der Position V_1 in Abb. 97 befindet, geht sie nach der Sonne unter und ist als heller Stern am Abendhimmel sichtbar, wenn die Sonne schon versunken ist.
Steht sie jedoch in V_2, geht sie vor der Sonne unter; sie kann also abends nicht mehr beobachtet werden. Aber morgens erscheint sie vor der Sonne am sich schon aufhellenden Himmel im Osten als Morgenstern.
Also: Abendstern im Westen, Morgenstern im Osten.

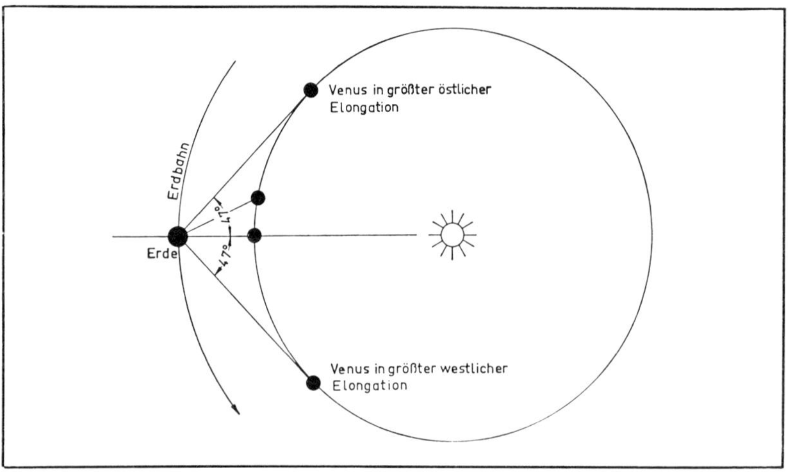

Abb. 96 Venus in größter Elongation

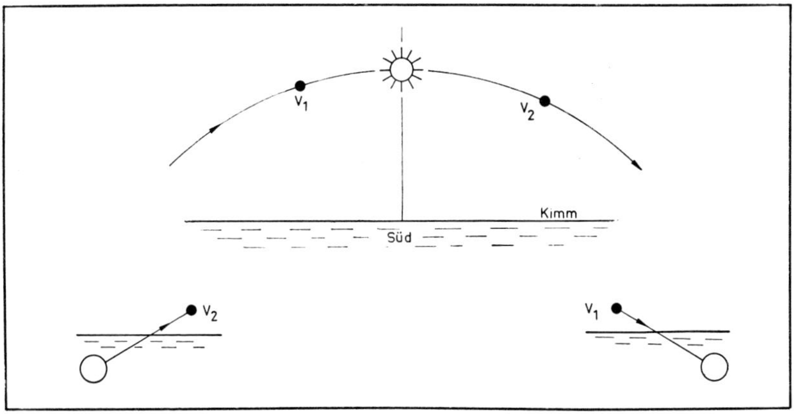

Abb. 97 Venus als Morgen- und Abendstern

Ist nun die Venus, die ungefähr die Größe der Erde hat, ein der Erde ähnlicher Weltenkörper?
Wie die Erde strahlt sie nicht selbst, sondern wird von der Sonne angestrahlt. Wie aber sieht ihre Oberfläche aus? Fotografien der Venusoberfläche wie von der Sonne oder gar wie vom Mond können wir bei den Planeten nicht erwarten. Die Scheibe ist auch in großen Fernrohren so klein, daß man daran nicht mehr viel erkennen kann. Aber auch die „visuelle" Beobachtungsmethode (das heißt Beobachten mit dem Auge), die sich für die Planetenforschung immer noch bewährt, bringt uns bei der Venus nicht viel weiter. Erst die Messungen der Venussonden geben uns nähere Auskünfte (Abb. 98).
Wir werden nie visuell die Frage beantworten können, ob Menschen auf der Venus wohnen, denn es zeigt sich, daß sie von einer dicken Wolkenschicht und Lufthülle umgeben ist, die uns keinen Blick auf die Oberfläche des Planeten gestattet. Diese Lufthülle ist ganz anders geartet als die der Erde, denn sie enthält keinen Wasserdampf, keinen Sauerstoff, dagegen viel Kohlendioxyd, ein giftiges Gas. Also wird es auch kein Leben in unserem Sinne auf der Venus geben. Wir wissen ferner noch nicht einmal, wie schnell der Planet sich um seine Achse dreht. Seine Temperatur ist wahrscheinlich viel höher als die der Erde.
Merkur und Venus haben keinen Mond als Begleiter.

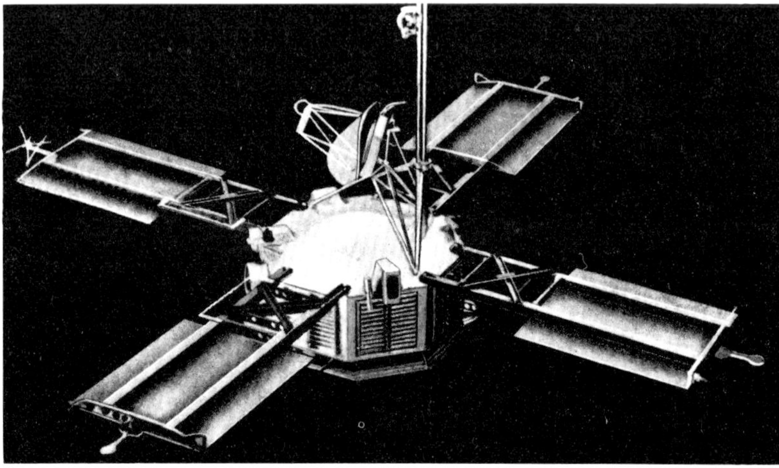

Abb. 98 Raumsonde Venus (Typ Mariner)

Die Erde als Planet

Der nächste Planet in unserem System ist die Erde. Betrachten wir sie als Planeten der Sonne also etwas genauer.
Zunächst: Die Erde ist eine Kugel. Wir beobachteten ihre Krümmung (Seite 19), fanden ihren Schatten kreisförmig begrenzt (Seite 58) und erinnerten uns an die Weltumseglungen.
Wie groß ist diese Kugel? Die Messung des gesamten Erdumfanges ist bei der Holprigkeit der Erde, über Meer und Land, natürlich nicht durchführbar; es wird vielmehr immer nur ein Teil genau vermessen. Das Ergebnis dieser Messungen ist 40 000 km – eine Zahl, die einmal dazu gedient hat, das Welteinheitsmaß Meter festzulegen, als man all die verschiedenen Maße wie Fuß, Zoll usw. abschaffen wollte.
Genaue Messungen haben ergeben, daß die Erde nicht eine Kugel, sondern zu den Polen hin abgeplattet ist – eine Folge der Drehung dieses in sich nicht festen Körpers um seine Achse. Denn bei jeder Drehbewegung haben die Teilchen des gedrehten Körpers das Bestreben, von der Achse wegzukommen (Fliehkraft). Es ist:

Poldurchmesser der Erde	12 714 km
Äquatordurchmesser der Erde	12 757 km

Dieser Unterschied ist verschwindend gering, verglichen mit dem Durchmesser, und nur für genauere Untersuchungen zu berücksichtigen. Auch die Berge stellen ja nur kleine Unebenheiten auf der Erde dar, die das Gesamtbild von der Kugel nicht beeinträchtigen.
Die Lufthülle um die Erde ist nur etwa 1000 km dick, und die eigentlichen Wettervorgänge spielen sich in einer unteren Schicht von nur 10 km ab.
Das Gewicht der Erdkugel beträgt 6 000 000 000 000 000 000 000 000 kg, also sechs Quadrillionen Kilogramm.

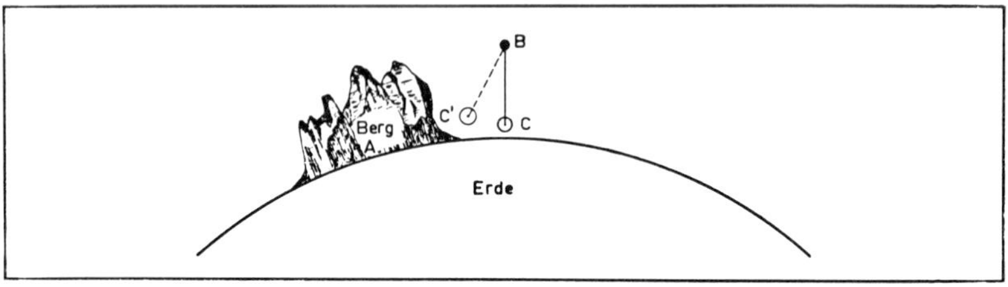

Abb. 99

Doch wie ermittelt man das Gewicht?
Wir wissen, daß alle Körper sich anziehen. Was bedeutet der Berg A in Abb. 99 für ein in der Nähe aufgehängtes Pendel? Wäre der Berg nicht da, würde es senkrecht nach unten zum Erdmittelpunkt hin zeigen. Durch den Berg aber wird es in die Lage BC' abgelenkt. Dieser Ausschlag ist klein, da das Gewicht der Erde riesig ist im Vergleich zum Berg, aber er ist meßbar. Das Verhältnis der Gewichte Erde – Berg bestimmt die Größe der Ablenkung. Wenn ich die Dichte des Berges kenne, so folgt aus dem Versuch die Dichte der Erde selbst, mit deren Hilfe ich dann das Gesamtgewicht berechnen kann, da ich den Rauminhalt kenne.
Nun haben aber die Stoffe an der Oberfläche der Erde eine geringere Dichte, sind leichter als die nach dem obigen Versuch bestimmte Durchschnittsdichte. Das bedeutet, daß sich im Innern der Erde Stoffe großer Dichte befinden müssen, wie Eisen oder Gold zum Beispiel, die viel schwerer sind als die Erdmasse an der Oberfläche.
Es wird sich um Eisen handeln. Denn auch alle die Brocken, die aus Weltraumfernen auf die Erde stürzen, die *Meteorite*, bestehen meist aus Eisen, das demnach wohl ein Hauptbaustein der Weltkörper ist.
Das Innere der Erde ist anscheinend glühend. Sie ist ein sich langsam abkühlender Himmelskörper, der einst ein glühender Gasball war wie die Sonne. Bedingt durch die Abkühlung konnte sich eine feste Kruste bilden. Wenn wir diese Kruste jedoch anbohren (Bergwerk, Erdölbohrung), wird es mit zunehmender Tiefe immer wärmer. Über den Kern können wir keine direkten Aussagen machen.
Diese Kugel dreht sich. Können wir die Drehung auch beweisen? Schon die Erdabplattung läßt sich kaum anders erklären; es gibt aber auch andere Beweise. Einer von vielen ist der *Pendelversuch*.

Hänge ich ein Pendel (ein Gewicht an einem Band) etwa an einem Kronleuchter auf und versetze es in Schwingungen, dann wird es seine Schwingungsrichtung im Raum beibehalten, auch wenn ich den Kronleuchter vorsichtig und gleichmäßig herumdrehe. Er behält seine Schwingungsebene im Raum bei.
Es war der Franzose Foucault, der im Jahre 1850 im Pantheon in Paris ein Pendel von 67 m Länge mit einem Pendelkörper von 25 kg in Schwingungen versetzte, um die Umdrehung der Erde zu beweisen. Langsam änderte sich die Schwingungsebene des Pendels. Was war geschehen?
Nun, das Pendel schwang im Weltraum in seiner Schwingungsebene weiter, aber die Erde drehte sich unter ihm weg und mit ihr der ganze Dom.
Weitere Beweise sind erbracht. Der Kreiselkompaß beispielsweise zeigt deshalb nur Nord an, *weil* die Erde sich dreht, und die Ablenkung der Winde ist eine Folge der bei der Drehung der Erde auftretenden Fliehkräfte.
Die Erde dreht sich an einem Tage einmal um ihre Achse. Das bedeutet für einen Punkt im Äquator: 40 000 km in 24 Stunden. Das sind 1670 km in der Stunde oder ein halber Kilometer in der Sekunde.
Eigentlich müßte dadurch eine mächtige Fliehkraft entstehen, doch die Erde hält uns mit ihrer Riesenanziehungskraft eisern fest und die Lufthülle mit. Wir sind diese Bewegung seit Uhrahnenzeit gewöhnt. Erst wenn die Erde sich langsamer bewegen würde, würden wir etwas merken. Solange wir uns in erschütterungsfreier Fahrt im D-Zug oder Schnelldampfer befinden, registrieren wir auch nicht, daß wir fahren. Die Fahrt wird uns erst dann bewußt, wenn das Fahrzeug anfährt oder stoppt.

Die Lufthülle stört

Die Lufthülle der Erde hat einige interessante Wirkungen auf unser Sternbild. Das Licht der Sterne muß die nach der Erde zu immer dicker werdenden Luftschichten durchlaufen. Geht ein Lichtstrahl, so lehrt die Physik, von einem dünneren in ein dichteres Mittel über, so wird er aus seiner Richtung abgelenkt, gebrochen (Abb. 100).

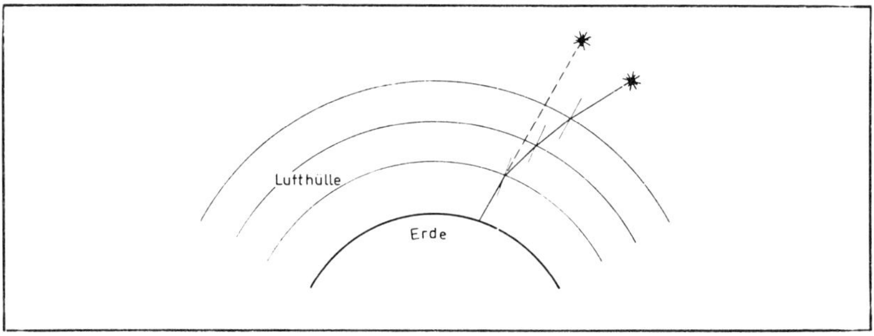

Abb. 100 Wirkung der Strahlenbrechung in der Lufthülle der Erde

Das Auge aber vermutet den Stern in der Richtung, aus der es den Lichtstrahl erhält, es sieht ihn also scheinbar höher, als er in Wirklichkeit steht. Das wird besonders bei kleinen Höhen wirksam, weil dann die durchlaufene Luftschicht dicker ist. Die „Hebung" der Sterne beträgt an der Kimm etwa eine Vollmondbreite. Wir sehen morgens die Sonne schon, wenn sie in Wirklichkeit noch gar nicht über der Kimm steht. Umgekehrt ist sie bereits unter der Kimm, wenn wir sie abends noch als Ball am Himmel stehen sehen. Die Erscheinung verfrüht also den Aufgang, verspätet den Untergang. In Polargebieten bedeutet dies, daß man die Sonne noch tagelang über der Kimm sieht, nachdem sie eigentlich schon verschwunden ist.

Auch die auffällige Tatsache, daß die Sonne oder der Mond beim Auf- oder Untergang wie ein Ei zusammengedrückt erscheint, erklärt sich aus dieser Erscheinung, denn die tiefen Punkte werden mehr gehoben als die hohen.
Je länger der Weg durch die Luft, desto mehr wird von dem Licht auch verschluckt. Das bedeutet: Steht ein Stern im Zenit, so hat das Licht einen kleineren Weg durch die Luft zurückzulegen als in der Kimm. Der Stern 1 in Abb. 101 im Zenit erscheint uns daher heller als der gleich helle (2) in der Nähe der Kimm.

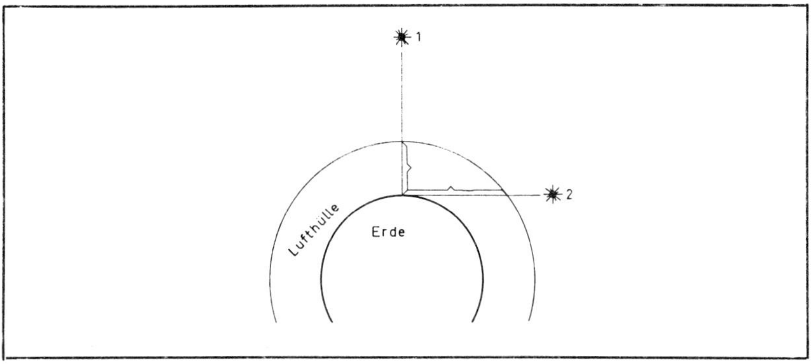

Abb. 101 Der Weg durch die Lufthülle ist verschieden lang

Und da gerade die unteren Luftschichten meist sehr unruhig und durcheinandergewirbelt sind, Staub enthalten, sehen wir das Sternlicht in Kimmnähe funkeln, zittern, während die Sterne im Zenit ruhig und still leuchten.
Daß diese Einflüsse auf den Lichtstrahl den Astronomen schweres Kopfzerbrechen machen, ist klar, und wir verstehen nun, warum man Sternwarten möglichst hoch in der klaren Höhenluft der Berge errichtet.
Der Tag geht nicht schlagartig in Nacht über, es dämmert. Diese Dämmerung wird um so kürzer, je mehr wir uns den Tropen nähern. In den Tropen selbst ist sie äußerst kurz.
Wie kommt das?
Die in der Luft enthaltenen Staubteilchen werfen das Licht der schon lange unter der Kimm stehenden Sonne noch eine Zeitlang auf die Erde zurück, so

daß dort noch eine kleine Aufhellung auftritt. Je weiter wir in die Tropen kommen, desto steiler versinkt die Sonne, desto schneller hört diese Möglichkeit auf.
Trifft Licht auf sehr kleine Hindernisse, so wird es, wie wir eben hören, nach allen Richtungen zerstreut. Diese Zerstreuung ist aber nicht bei allen Bestandteilen des Lichtstrahls gleich stark. Blaues Licht wird stärker zerstreut als rotes. Das ist der Grund dafür, daß wir den Himmel blau sehen.
Die Himmelsforscher vermeiden heute die Störungen durch die unteren Schichten der Atmosphäre, indem sie ihre Instrumente von großen Ballonen in 30 bis 40 km Höhe tragen oder in Satelliten eingebaut in noch viel größeren Höhen um die Erde kreisen lassen. Diese Instrumente können dann auch infrarote, ultraviolette oder noch kurzwelligere Strahlungen aufnehmen, die von der Lufthülle verschluckt werden. Wichtige neue Erkenntnisse sind auf diese Weise schon gewonnen worden.

Von der Zeit

Die Umdrehung der Erde um ihre Achse erfolgt mit so großer Regelmäßigkeit, daß sie uns als Zeitmaß dienen kann.
Beobachten wir zum Beispiel, wann die Sonne ihren höchsten Stand hat (den Himmelsmeridian passiert). Wenn sie am nächsten Tag den Himmelsmeridian wieder passiert, ist ein Tag um. Dieser Zeitraum Tag wird dann in 24 Stunden eingeteilt, jede Stunde in 60 Minuten, jede Minute in 60 Sekunden.
Benutzen wir einen Fixstern zu dieser Beobachtung, so bekommen wir eine um vier Minuten kleinere Zeiteinheit heraus, denn im Laufe des einen Tages hat sich ja auch die Sonne bewegt, und zwar gegen den täglichen Drehungssinn um eine bekanntes Stück an der Himmelskugel.
Wir müssen also *Sterntag* und *Sonnentag* unterscheiden.
Der Mensch benutzt den Sonnentag, weil die Sonne das Gestirn ist, das er beobachten kann, das seinen Tageslauf beherrscht.
Allerdings zeigt es sich, daß die Sonne eigentlich kein geeigneter Zeitmesser ist, denn sie bewegt sich auf der Ekliptik nicht ganz gleichmäßig. Sie steht nicht im Mittelpunkt, sondern im Brennpunkt der Erdbahn. In Sonnennähe läuft die Erde schneller, in Sonnenferne etwas langsamer. Es würde also auch ein Sonnentag im Sommer und Winter verschieden lang ausfallen.
Wir arbeiten daher mit einer gedachten *mittleren Sonne*, die mit gleichmäßiger Geschwindigkeit läuft. Der Unterschied in den Stellungen der wahren und der mittleren Sonne ist bekannt. Es starten gewissermaßen beide Sonnen von demselben Ort, der Unterschied ist dann Null. Wenn die Sonnen wieder beide an dieser Stelle stehen, ist ein Jahr um.
Nun wissen wir, daß Zeitangaben immer nur für Orte derselben geographischen Länge gemacht werden können. Wenn bei uns in Deutschland Mittag ist, ist gleichzeitig an der uns gegenüberliegenden Stelle der Erde Mitternacht. Wenn in China Mitternacht ist, geht die Sonne in Konstantinopel erst unter, Spanien hat Nachmittag, Amerika Vormittag. Ich kann meine Uhr immer nur für einen bestimmten Ort, auf eine *Ortszeit* stellen. Wer nördlich oder südlich von mir wohnt, hat dieselbe Zeit, wer östlich wohnt, hat früher, wer westlich wohnt, später Mittag.

Das veranschaulicht auch Abb. 44 auf Seite 50. Da die Sonne auf ihrem täglichen Weg im Osten eher Mittag zeigt, erst später zu den westlichen Ländern kommt, erst später dort Mittag zeigt, würde natürlich in Deutschland fast jeder Ort eine andere Zeit haben. Nur die Bewohner ein und desselben Meridians hätten dieselbe Zeit.
Das ist unzweckmäßig. Es ist daher für ganz Deutschland durch Gesetz eine einheitliche Zeit, nämlich die des Meridians von Stargard, des 15. Meridians, als allgemeinverbindlich eingeführt. Das ist die *mitteleuropäische* Zeit (MEZ). Wenn auf 15° Länge die mittlere Sonne ihren höchsten Stand erreicht hat, ist überall in Deutschland 12 Uhr – obgleich die Sonne in den westlicher gelegenen Orten ihre höchste Stellung erst später hat. Nimmt man die Zeit des Nullmeridians, der durch die Londoner Sternwarte Greenwich verläuft, spricht man von *westeuropäischer* Zeit.
An Bord kann ich die Zeit meines augenblicklichen Meridians benutzen, kann aber auch für gewisse *Zonen* einheitliche Zeit fahren, wie es auf dem Festland geschieht. Man hat dann die Zonen von 0°, 15°, 30°, 45° Ost oder West usw.
Auf den Sternwarten wird die Erde in ihrem Umlauf ständig bewacht, das heißt die Zeit *gemacht*. Es gibt dort ein sogenanntes *Passage-Instrument*, den *Meridiankreis*. Das Fernrohr ist so aufgestellt, daß die Achse genau Ost – West zeigt, das heißt, das Rohr kann sich nur Nord – Süd, also in der Ebene des Himmelsmeridians bewegen.
Vor dem Okular des Fernrohrs ist ein *Mikrometer* angebracht, senkrecht gespannte feinste Spinnfäden, deren mittlerer gerade die Mittagslinie angibt. Man verfolgt nun an genauen Uhren, wann der Stern oder der Mittelpunkt der Sonne diesen Faden passiert.
Diese wegen der vielen Fehlermöglichkeiten sehr schwierige Arbeit ist die Grundlage für das *Zeitzeichen* der Rundfunksender. Nach diesen Zeitsignalen richtet sich das ganze Leben der Menschheit. Auf Bruchteile der Sekunde ist es genau. Welch ein Fortschritt gegenüber den Schattensäulen des Altertums oder den Sonnenuhren unserer Vorfahren!
Die maßgebenden Uhren der Sternwarte, Wunderwerke der Genauigkeit, stehen in Kellern, in Räumen, in denen die Temperatur kaum schwankt, auf Pfeilern, die unabhängig vom Gebäude tief in das Erdreich eingelassen sind, um Erschütterungen fernzuhalten.
Genauer als diese Pendeluhren sind die modernen Quarzuhren, in denen ein Quarzkristall mit äußerster Genauigkeit elektrische Schwingungskreise steuert.

Der Chronometer auf Schiffen ist eine sehr gute Uhr, die täglich durch Zeitzeichen auf ihren richtigen Stand und auf regelmäßigen Gang hin beobachtet wird.
Zum Schluß noch ein Wort über den Kalender. Der Umlauf der Sonne um die Erde dauert nicht so genau ein Jahr oder 365 Tage, wie wir gesagt haben; ein kleiner Rest muß raffiniert berücksichtigt werden. Das Jahr hat 365 Tage, 5 Stunden und 49 Minuten. Der Kalender würde sehr bald in Unordnung geraten, wenn wir nicht alle vier Jahre einen *Schalttag* einschöben. 4 mal 5 Stunden 49 Minuten ergeben aber auch nicht genau einen Tag, so daß man alle 400 Jahre drei Schalttage ausfallen lassen muß. Das geschieht in den Jahrhundertjahren, mit Ausnahme der durch 4 teilbaren. 1700, 1800, 1900 waren also keine Schaltjahre, das Jahr 2000 wird wieder eines sein.

Der Mond

Wir wissen bereits, daß auch der Mond eine Kugel ist, die aber, als unser Mond, um die Erde kreist (Abb. 102), und wir wissen, daß er recht klein ist. Sein Durchmesser beträgt nur 3470 km; sein Rauminhalt ist der 50. Teil der Erde, sein Gewicht nur der 81. Teil. Die mittlere Entfernung Erde – Mond beträgt rund 384 400 km. Der flinke Lichtstrahl erreicht ihn also in fast einer Sekunde. 30 Erdkugeln aneinandergereiht würden die Entfernung zum Mond überbrücken.

In 27 ⅓ Tagen vollendet er seinen Umlauf um die Erde, in einer Stunde schon wandert er sichtbar zwischen den Fixsternen weiter, etwa um einen Monddurchmesser.

Die Zeit von Vollmond zu Vollmond, die wir Monat nennen, beträgt jedoch 29½ Tage, da die Sonne in der Zwischenzeit auch weiterrückt.

Der Mond führt also folgende Bewegungen aus:

- um die eigene Achse
- um die Erde
- mit der Erde zusammen um die Sonne.

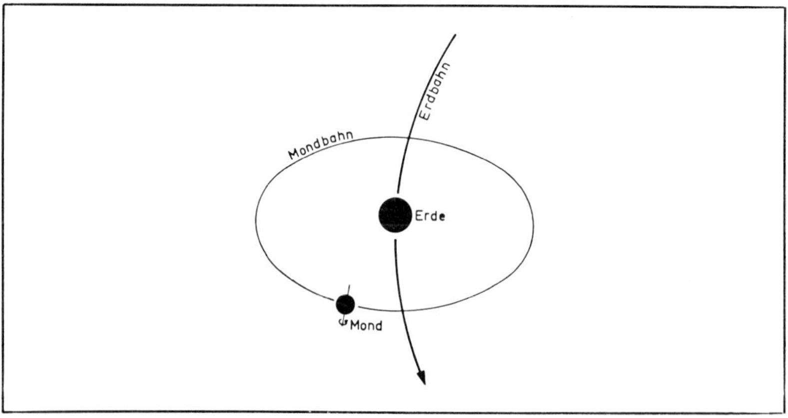

Abb. 102

Abb. 103 Mond im umgekehrten Fernrohr, zehn Tage nach Neumond

Auch die Mondphasen machten wir uns schon klar (Seite 56) sowie die Möglichkeit einer Mondfinsternis (Seite 59). Was wissen wir aber von ihm selbst, seiner Beschaffenheit, seiner Oberflächengestaltung?
Er steht uns als einziger Himmelskörper so nahe, daß wir schon mit dem bloßen Auge auf seiner Oberfläche Gebilde ausmachen können, welche die Phantasie des Volkes zum Beispiel als Mann im Mond bezeichnet. Man sieht eine Reihe von hellen und dunklen Stellen, die immer in der gleichen Lage zueinander bleiben. Das bedeutet, daß der Mond uns stets dieselbe Seite zukehrt. Er muß sich also in der Zeit eines Umlaufes um die Erde einmal um seine eigene Achse drehen.

Das Fernrohr zeigt uns, daß die dunklen, grauen Stellen verhältnismäßig eben, die helleren dagegen gebirgig sind (Abb. 103). Die ersten Beobachter hielten diese grauen Stellen für Meere, und diese Bezeichnung hat man beibehalten, obgleich man heute weiß, daß es sich nicht um Meere handelt. Abb. 104 zeigt den Anblick des Mondes im letzten Viertel, so wie ihn moderne Fernrohre uns erschließen.

Die Zeit des ersten oder letzten Viertels eignet sich besonders gut zum Beobachten der Einzelheiten auf der Mondoberfläche, weil das Bild durch die Schatten, welche die hohen Berge im Licht der auffallenden Sonne werfen, am ausdrucksreichsten ist. Der Mond wirkt dann nicht mehr wie eine Scheibe, sondern plastisch wie eine Kugel. An der Schattengrenze sehen wir Lichtauszackungen. Das sind vom Licht noch getroffene Bergspitzen, während im Tal schon Dunkel herrscht.
Grell ist das Licht der beleuchteten Spitzen, grell der Übergang zum Dunkel. Nirgends finden wir Übergänge in Zwischentönen. Am Rand des Bildes erkennen wir keinerlei Unschärfe. Das liegt daran, daß der Mond keine Lufthülle, keine Atmosphäre besitzt. Er ist ein vollkommen erkalteter Himmelskörper, der das Sonnenlicht reflektiert. Zwei Wochen wird seine uns zugewandte Seite von der Sonne beschienen, und die Gesteinsmassen erwärmen sich dabei auf 100 bis 150°C.
Zwei Wochen aber versinkt sie dann in Dunkel und damit in Weltraumkälte von bis zu -150°C.

Keine Atmosphäre – das bedeutet: Kein Wind weht, kein Wasser ist vorhanden, das Wolken bilden könnte, kein Sauerstoff, also kein Leben. Nicht einmal Schall gibt es dort. Feuerte man eine Kanone ab, man würde es nicht hören.
Man weiß heute recht genau auf dem Mond Bescheid. Bei 1000facher Vergrößerung holt man ihn aus 384 400 km Entfernung auf 384 km heran, was

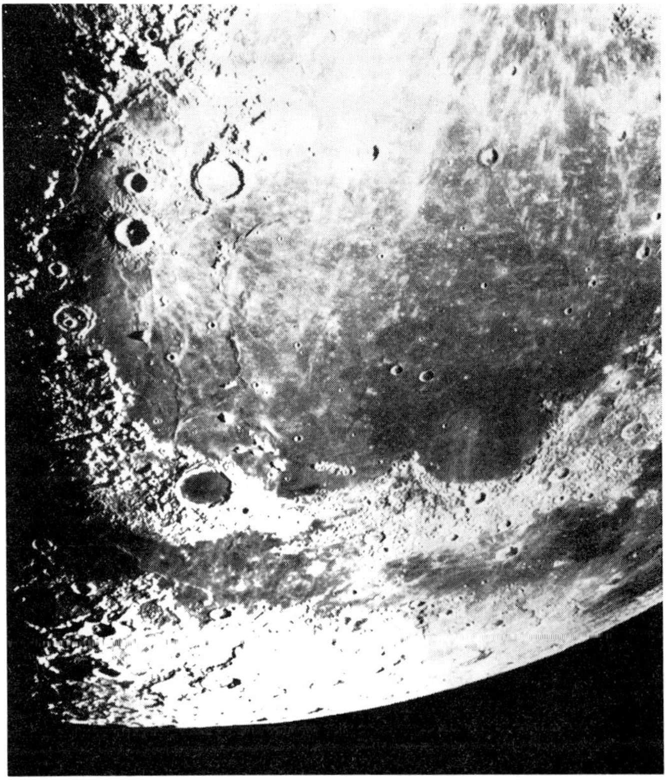

Abb. 104 Nordteil des Mondes im umgekehrten Fernrohr (abnehmender Mond, letztes Viertel)

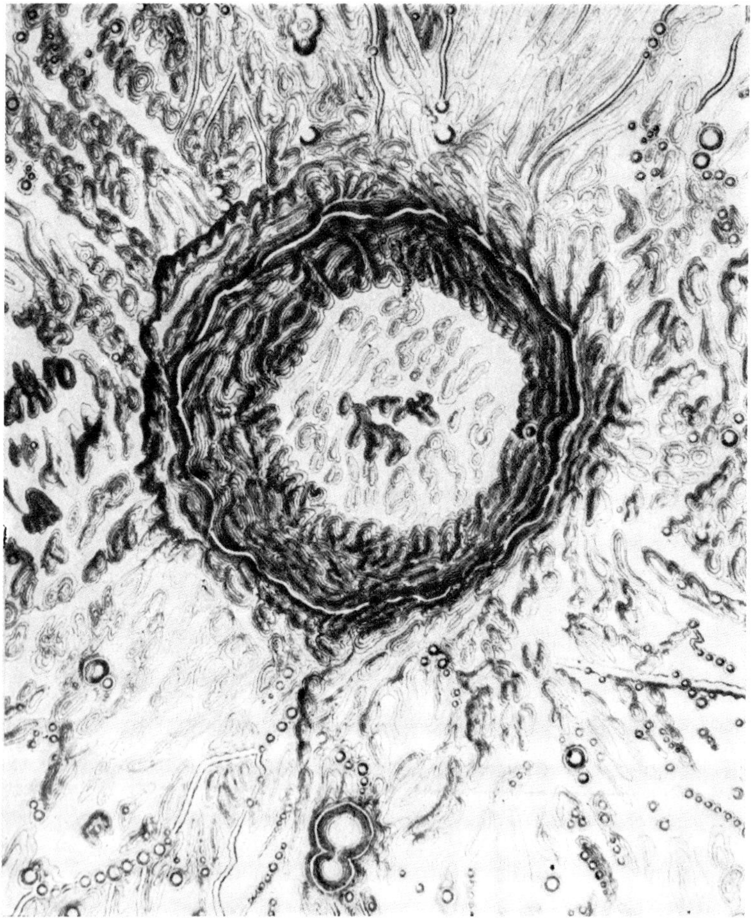

Abb. 105 Krater Kopernikus, gezeichnet nach Beobachtungen am Fernrohr

Abb. 106 Aufnahme des Kraters Kopernikus und seiner Umgebung

etwa der Entfernung Bremen – Berlin entspricht. Jede Einzelheit liegt klar da, so daß wir mittlerweile jeden Winkel der uns zugewandten Seite des Mondes kennen. Seit vielfach Raumsonden den Mond umkreist haben, gibt es auch Aufnahmen von seiner Rückseite. Sie lassen darauf schließen, daß diese Seite eine ähnliche Oberflächengestaltung hat wie die uns zugewandte.

Während es sich bei den Meeren um tiefliegende, verhältnismäßig ebene Gebiete handelt, durchzogen von Geländewellen und Furchen, manchmal mit Trümmern, Kratern und einzelnen Ringgebirgen bedeckt, sind die hellen Gebirgsregionen ein Gewirr von Gebirgen.

Diese zum Teil recht hohen Mondgebirge lassen sich ziemlich genau messen. Man denke daran, daß der Schatten beispielsweise eines Mastes mit der Höhe der Sonne verschieden lang ist. Der Mathematiker kann aus der Länge des Schattens und der Höhe der Sonne rückwärts die Länge des Mastes berechnen. Auf den Mondberg übertragen heißt das:

Ich sehe im Bild des Mondes die Schatten der Berge, weiß, unter welchem Winkel die Sonnenstrahlen in diesem Augenblick einfallen, und kann daraus die Höhe des Berges berechnen. Auf etwa 20 m genau. Die Berge sind bis zu 8000 m hoch – erstaunlich angesichts der geringen Größe des Mondes.

Die Abbildungen 103 bis 107 zeigen Gebirgszüge, Krater, Rillen, Hochebenen, Ringgebirge und merkwürdige weiße Strahlensysteme. Sie alle sind in Karten festgelegt und haben Namen.

Die Gebirgsformen sind von denen der Erde ziemlich abweichend. Es gibt etwa 40 000 Krater, wie diese Gebilde treffend genannt werden, die oft Durchmesser von 180 km und mehr haben und nicht tief sind. In der Mitte befindet sich häufig noch ein kleiner Berg. Eines der schönsten Ringgebirge dieser Art zeigt Abb. 106. Man beachte die merkwürdigen Strahlensysteme, die sich weithin erstrecken.

Es gibt auch einige langgestreckte und ziemlich steile Gebirgszüge.

Noch eine interessante Bildung sei erwähnt: die Rillen, die in großer Zahl beobachtet werden und oft Hunderte von Kilometern lang sind; sie erinnern an die Risse, die in feuchtem Lehmboden entstehen, der an der Oberfläche von der Sonne ausgetrocknet wird.

Auch die Berichte und Aufnahmen der ersten Menschen, die 1969 zum erstenmal auf dem Mond landeten, ergaben kein wesentlich anderes Bild von seiner Oberfläche.

Abb. 107 Kraterlandschaft auf der Rückseite des Mondes (Apollo 11)

Der Mars

Der Mars, von dessen Kanälen und Menschen viel geredet wurde, ist der vierte Planet des Sonnensystems; er kreist in 1½fachem Erdabstand um die Sonne.
Steht der Mars in *Opposition* zur Sonne, das heißt der Sonne gegenüber, so beträgt sein Abstand von der Erde nur 55 Millionen Kilometer. Steht er dagegen in *Konjunktion*, also *bei* der Sonne, von der Erde aus gesehen in derselben Richtung wie die Sonne, dann ist er 400 Millionen Kilometer von uns entfernt (Abb. 108). Entsprechend erscheint er uns dann erheblich lichtschwächer. Ist er im ersten Falle heller als der Jupiter, sinkt seine Helligkeit in Konjunktionsstellung auf die des Nordsterns ab. Das Licht des Mars ist auffallend rötlich.
Der Planet ist etwa halb so groß wie die Erde und dreht sich in 24,6 Stunden einmal um seine Achse, was man an den Flecken genau nachmessen kann. Beobachtet man den Mars in der Oppositionsstellung, so ist zwar die Scheibe

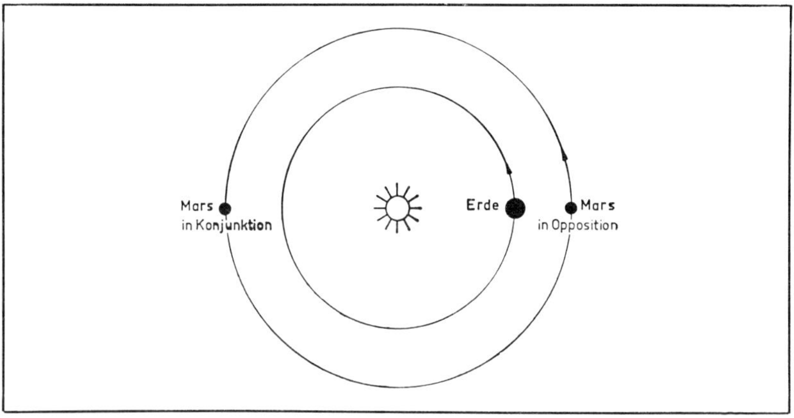

Abb. 108 Mars in Konjunktion und in Opposition

immer noch sehr klein, aber der geübte Beobachter erkennt dann auffällige Dinge, zunächst: an den Polen weiße Flecke, die wie die Eishauben der Erde Nord-und Südpol bedecken.
Der Mars hat ähnlich wie die Erde Jahreszeiten (Grund: dieselbe schräge Stellung der Achse), nur daß sie entsprechend der langen Dauer des Mars-Jahres (siehe Seite 102) länger dauern. Und mit diesen Jahreszeiten schwankt die Form der weißen Hauben an den Polen. Weiße Flecke erscheinen auch an anderen Stellen und verschwinden wieder. Sind es Hochflächen, die sich abends mit Reif überziehen?
Weiter sehen wir auf der gelbroten Scheibe des Planeten deutlich große graue und graugrüne Flächen, die in genauen Karten erfaßt sind und seit Jahrhunderten (zuerst 1659 entdeckt) an derselben Stelle beobachtet werden. Es sind also nicht etwa Wolken in der Lufthülle des Planeten. Der Mars hat eine Lufthülle, allerdings nicht so dicht wie die der Erde, und gelegentlich finden wir auch Wolken, die Trübungen des Planetenbildes hervorrufen und dann wieder verschwinden.
Die dunklen Flächen nennt der Marsforscher Meere, die hellen Kontinente. Buchten und Vorgebirge kennt er, ohne daß damit gesagt werden soll, daß es sich wirklich um solche handelt; sie haben in ihrer Form nur Ähnlichkeit mit diesen Gebilden auf der Erde.
Manche Beobachter sahen nun in diesen „Landflächen" merkwürdige Striche, wie mit dem Lineal gezogen, die sie „Kanäle" nannten, und von denen oft bis zu zwölf in einem Punkt zusammenlaufen und einen mehrere tausend Kilometer langen „See" bilden. Diese Linien sind mitunter über 60 km breit; manche umspannen den halben Planeten.
Es hat sich jedoch erwiesen, daß viele Einzelheiten, die man an der Marsoberfläche beobachtete, optische Täuschungen waren. Bei den Meeren kann es sich keineswegs um Wasser handeln: Die Polkappen bestehen nicht aus Eis, denn die Sonnenstrahlung würde in Marsweite gar nicht ausreichen, diese Kappen im Sommer so vollständig wegzuschmelzen, wie es beobachtet wird.
Die Temperatur auf dem Mars läßt sich sehr genau messen. Der Planet sendet Strahlen aus, und zwar das von der Sonne bezogene und von ihm zurückgeworfene Licht und dazu eine eigene, schwache Wärmestrahlung. Die Nachttemperatur liegt bei -40°C in den Tropen, bei -100°C an den Polen. Mittags steigt die Temperatur in Äquatornähe auf +10 bis 20° an. Die mittlere Jahrestemperatur über die gesamte Oberfläche genommen würde -15°C ergeben, im Gegensatz zu +14°C auf der Erde.

Wenn man mit einbezieht, daß auch der Sauerstoffanteil in der Lufthülle des Mars sehr viel geringer ist, ergibt sich im Hinblick auf die Lebensverhältnisse doch ein erheblich von der Erde abweichendes Bild.
Ob in nächster Zukunft Menschen auf dem Mars landen werden, ist ungewiß, aber schon heute haben unbemannte Raumsonden wichtige Erkenntnisse gebracht. Die amerikanischen Mariner-Sonden haben mondähnliche Kraterlandschaften, aber auch große Trümmerfelder festgestellt, ebenso wie Risse und Gräben von ungewöhnlichen Ausmaßen.
Der Mars besitzt zwei Monde, die jedoch sehr klein sind und deshalb erst spät entdeckt wurden. Der eine hat 16, der andere 88 km Durchmesser.
Wer die Stellung des Mars zwischen den Fixsternen aufmerksam verfolgt, kann feststellen, daß er, wie es Abb. 109 zeigt, eine Schleifenbewegung ausführt: Er bewegt sich für uns manchmal rechtläufig, wie die Sonne von West nach Ost, dann leuchtet er längere Zeit wie ein Fixstern an ein und derselben Stelle, um sich schließlich rückläufig von Ost nach West zu verlagern. Diese Schleifenbewegungen lassen sich besonders gut in der Nähe eines bekannten Fixsterns beobachten.
Diese Erscheinung verdeutlicht Abb. 110. Dort sind die Bahnen der Erde und eines äußeren Planeten aufgezeichnet und die Stellungen von Monat zu Monat eingetragen (1, 2, 3 usw.). Durch die Verbindung gleichzeitiger Stellungen und Verlängerung der Gerade bis zur Himmelskugel erhält man die Stelle, an der man den Planeten zu dem Zeitpunkt am Himmel sieht. Man erkennt dann sofort, daß der Planet sich für uns manchmal rechtläufig, manchmal rückläufig zu bewegen scheint.
Wenn Erd- und Planetenbahn wie in diesem Falle etwas gegeneinander geneigt sind, so beschreibt der Planet Schleifen am Himmel.

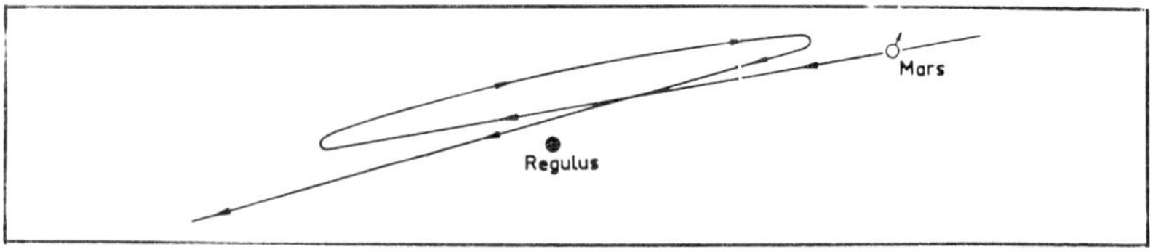

Abb. 109 Mars-Schleife

Abb. 110 Erklärung der Schleifenbewegung eines Planeten

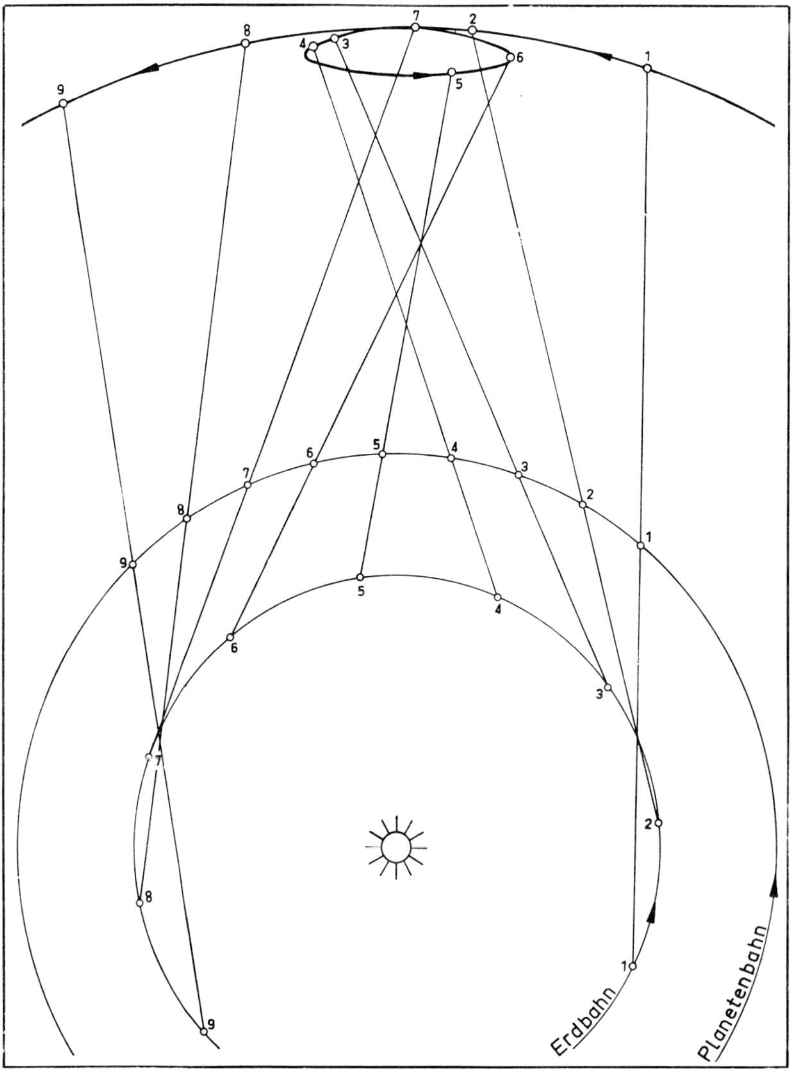
Erdbahn
Planetenbahn

Jupiter und Saturn

Auf den Ring der vielen kleinen *Planetoiden*, auf den wir nicht näher eingehen wollen, weil wir sie niemals mit bloßem Auge beobachten können, folgt der Riese unter den Planeten, der Jupiter, dessen hellste Monde wir schon mit dem Fernrohr beobachteten (Abb. 111).
Seine Entfernung von der Sonne ist fünfmal so groß wie die der Erde, sein Durchmesser ist 11mal, die Oberfläche 120mal, sein Rauminhalt 1300mal so groß wie der der Erde. Sein Gewicht ist allerdings nicht entsprechend größer, sondern nur das 318fache, so daß der Jupiter ¼ der Dichte der Erde hat. Seine Umlaufzeit beträgt rund zwölf Jahre.
Das Eigentümliche am Fernrohrbild dieses Planeten sind die parallelen dunklen Streifen, die zum Rand hin undeutlicher, am Äquator am stärksten zu sehen sind. Sie wechseln in Häufigkeit und Form. Der Rand des Planeten ist stets etwas verschwommen; der Jupiter ist von einer Gashülle umgeben.
Die Zeit einer Umdrehung um die Achse ist kurz, sie beträgt nur knapp zehn Stunden. Entsprechend stark ist die Abplattung des Planeten, die schon in kleinen Fernrohren auffällt. Merkliche Unterschiede in den Jahreszeiten gibt

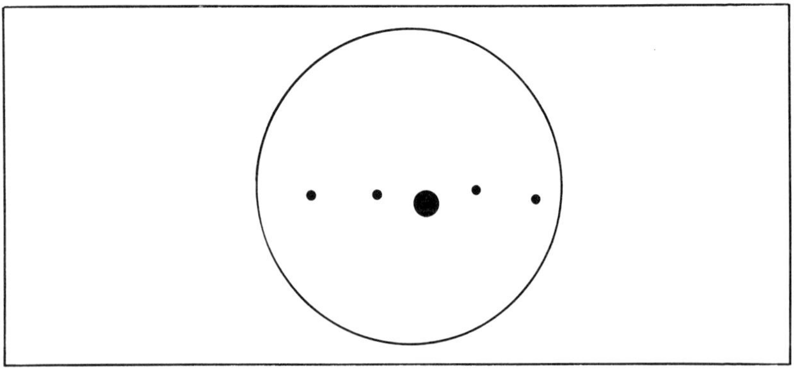

Abb. 111 Jupiter mit vier Monden im Fernglas

Abb. 112 Jupiter mit rotem Fleck und Schatten des Mondes Io (Aufnahme der Raumsonde Pioneer 10 aus 2 500 000 km Entfernung)

es nicht, weil die Achse des Jupiters nicht so stark gegen die Bahnebene geneigt ist wie die der Erde.

Die Mitte des Körpers dreht sich schneller als die nördliche und südliche Zone, was man übrigens auch bei der Sonne beobachten kann. An der Oberfläche dieses Planeten befindet sich noch alles derartig in Bewegung, daß Veränderungen eintreten, die in ihrer Riesenhaftigkeit auf der Erde nicht ihresgleichen haben.

Die Streifen und Flecken sind Wolken oder Vorgänge in der Atmosphäre, die den Planeten umgibt. Seine eigentliche Oberfläche hat noch keiner gesehen. Erreicht das Licht der Sonne sie? Ja, aber entsprechend der fünffachen Entfernung handelt es sich nur noch um $\frac{1}{25}$ der Strahlung, die wir erhalten: zu $-138^{\circ}C$ hat man die Temperatur der Jupiteroberfläche bestimmt.

Der Jupiter hat 14 Monde, die wir in immer anderen Stellungen, aber in einer Ebene um den Planeten kreisen sehen. Wenn man Glück hat, kann man erleben, daß einer der Monde als kleiner Punkt vor der Scheibe des Jupiters entlangwandert (Abb. 112) oder hinter ihm verschwindet.
Diese Jupitermonde haben dazu gedient, die Lichtgeschwindigkeit zu messen. Folgende Überlegungen führen dazu:
Auf der Erde will man in der Stellung 1 in Abb. 113 die Verfinsterung des Jupitermondes M beobachten, die gleich eintreten soll. Die Zeit ist vorausberechnet, da man alle Angaben über Größe der Bahnen, Umlaufzeiten usw. kennt. Diese Zeiten stimmen mit den beobachteten genau überein. Wenn man

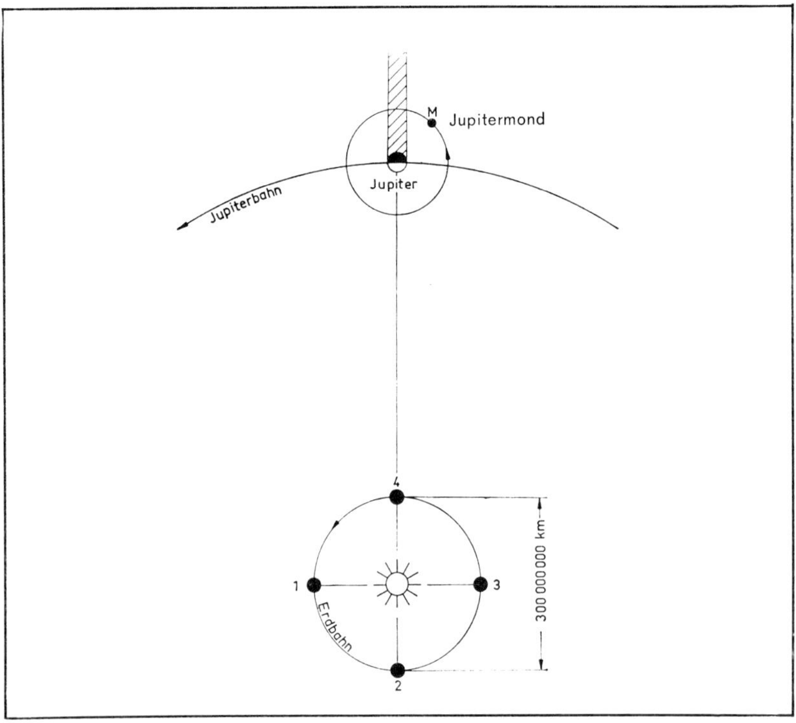

Abb. 113 Bestimmung der Lichtgeschwindigkeit

aber die Beobachtung in 2 versucht, tritt die Verfinsterung acht Minuten später, in Stellung 4 dagegen acht Minuten früher ein als vorausberechnet.
Wie erklärt sich das?
Die Erde ist in 2 weiter von dem Ereignis der Jupitermond-Verfinsterung entfernt, in 4 dichter daran als in 1 und 3, und zwar um die Länge des Erdbahndurchmessers. In 4 sind wir rund 150 Millionen Kilometer dichter heran, in 2 entsprechend weiter ab als in 1 und 3.
Die Beobachtung ergab, daß diese Enfernungsdifferenz acht Minuten ausmacht. Das heißt, das Licht braucht acht Minuten, um diese Strecke von 150 Millionen Kilometern zu durchlaufen. Es braucht also für eine Minute den 8. Teil, für eine Sekunde den 8 mal 60. Teil. Das ergibt 300 000 km in der Sekunde.

Noch weiter von der Sonne entfernt steht der zweitgrößte Planet unseres Sonnensystems, Saturn, wieder ein höchst interessanter Stern. 1427 Millionen Kilometer beträgt sein Abstand von der Sonne, und er braucht rund 30 Jahre, um seine Bahn zu durchmessen. Ganz langsam ändert er daher für uns seine Stellung am Himmel.
Sein Durchmesser beträgt 121 000 km; über 750 Erden könnte man aus dem Saturn herstellen, aber seine Dichte ist viel geringer als die der Erde. Noch stärker als beim Jupiter ist bei ihm die Abplattung: Seine Polarachse ist 12 000 km kleiner als der Äquatordurchmesser.
Im Fernrohr bietet der Saturn das merkwürdige Bild eines beringten Himmelskörpers (Abb. 114). Ein freischwebender Ring umgibt ihn, den wir je nach der Lage zur Erde offener oder geschlossener sehen. Es kann vorkommen, daß wir ihn, in seiner Ebene stehend, nur als Strich erkennen.
Dieser Ring besteht aus unendlich vielen kleinen Teilchen, die den Planeten umkreisen, eine merkwürdige Tatsache, die wir uns kaum erklären können.
Der Saturn hat außerdem noch elf Monde, von denen die Phoebe 13 000 000 km vom Saturn absteht und 550 Tage braucht, um ihren Planeten zu umwandeln. Auf dem Saturn wäre daher von diesem Planetenbegleiter nur alle 1 ½ Jahre Vollmond.
Der Planet selbst hat wie Jupiter eine Wolkenhülle. Er ist entsprechend seiner großen Entfernung kälter, da er 90mal so wenig Licht und Wärme erhält wie die Erde.

Abb. 114 Saturn mit Ring

Sternschnuppen, Meteore und Meteoriten

Eine der auffallendsten Erscheinungen am Himmel sind die Sternschnuppen und Meteore, die plötzlich zwischen den funkelnden Sternen aufleuchten, mit großer Geschwindigkeit, meist geradlinig, dahinziehen, um bald darauf wieder zu erlöschen.
Dauer des Aufleuchtens, Helligkeit und Länge der Bahn sind sehr verschieden. Es gibt Meteore, die heller leuchten als die Venus, die *Feuerkugeln*, andere wieder sind mit bloßem Auge kaum wahrnehmbar.
Es handelt sich dabei um „Weltspäne", wie einmal ein Forscher sagte, um Teilchen meteoritischer Materie, kleiner als 1 mm, wie die Sternschnuppen oder um Gesteinsbrocken außerirdischer Herkunft wie die Meteore, die, wie die anderen Sternriesen auch, im Weltraum herumreisen. Sie geraten durch Zufall in die Nähe des stark anziehenden Körpers Erde. Dieser lenkt sie aus ihrer Bahn ab, sie gelangen in die Lufthülle der Erde, werden, in ihrer rasenden Fahrt durch den Luftwiderstand gebremst, glühend heiß – jetzt erst sehen wir sie –, bis sie verdampfen oder zerspringen und für uns wieder unsichtbar werden. Vielleicht haben sie ihre Energie aber auch so stark eingebüßt, daß sie langsamer fliegend wieder abkühlen und als Meteorite zur Erde fallen.
Manchmal geraten auch große Stücke, wahre Riesen in den Anziehungsbereich der Erde. Einer der größten Meteorite ist der offen daliegende Stein von Bacubirito in Mexiko. Er wiegt 27 t, wird aber weit übertroffen von den Riesenmeteoriten, die im Cañon Diablo (Arizona) und im Tunguska-Gebiet in Sibirien niedergingen. Der Arizona-Krater, der eine merkwürdige Ähnlichkeit mit einem Mondkrater hat, ist ein Granattrichter von fast 1,5 km Durchmesser und 170 m Tiefe. Der Absturz muß vor mehr als 1000 Jahren vor sich gegangen sein; der Stein, wie die meisten aus Eisen bestehend, ist heute in 600 m Tiefe nachgewiesen, in mehrere Teile zerborsten.
Kleinere derartige Krater kennt man mehrere, aber wieviele Brocken mögen ins Wasser gefallen sein – das ja 70 % der Erdoberfläche bedeckt –, ohne daß wir etwas davon wissen.
Auf keinen Fall kleiner als der Arizona-Meteor war der Sibirien-Meteor des Jahres 1908, der – zum Glück – in den weiten sibirischen Urwald fiel. Dort stürzte die glänzende Feuerkugel bei Podkamennaja Tunguska zur Erde. Eine

gewaltige Feuersäule, drei oder vier Donnerschläge begleiteten den Einsturz. Die Urwaldbäume wurden im Umkreis von 30 km umgelegt (Luftdruck), in 600 km Entfernung drückte die Druckwelle noch Arbeiter von einem Floß, die Erdbebenstationen der ganzen Welt verzeichneten schwere Erschütterungen. Aber auch in früheren Jahrhunderten ist das vorgekommen. Der Schwarze Stein der Araber in Mekka zum Beispiel ist ein Meteorit.

Man hat mit diesen Meteoriten Stücke aus Weltraumferne in der Hand, aus Welten, die niemals ein Mensch betrat und jemals betreten wird.

Man unterscheidet Stein- und Eisenstücke. Die Steine sind mit einer mattglänzenden „Rinde“ umgeben, die sich als geschmolzene Oberfläche erklärt. Die vorherrschenden Bestandteile sind die Bausteine, aus denen auch die Erde besteht. Das Eisen der zweiten Art ist fast immer mit Nickel versetzt. Behandelt man eine polierte Schnittfläche dieses Eisens mit Säure, so zeigen sich die merkwürdigen sogenannten *Widmannstättenschen Figuren*. Bei dem Eisen der Erde treten diese Strukturen nicht auf; wir haben also ein Mittel an der Hand, Meteoriten auf ihre Echtheit hin zu prüfen.

Daß diese Steine aus denselben Bestandteilen aufgebaut sind wie die Erde, bestätigt auf das beste die Ergebnisse der Spektralanalyse.

Während Riesenmeteore selten sind, kann man die kleinen Sternschnuppen fast jede Nacht beobachten, wenn sich das Auge erst an die Dunkelheit gewöhnt hat. Wer sich aufmerksam ihrer Beobachtung zuwendet, findet sehr bald heraus, daß in bestimmten Nächten besonders viele Sternschnuppen fallen und von einem bestimmten Punkt des Himmels auszustrahlen scheinen. Sternschnuppen*schwärme*, wie man sie nennt, fallen jedes Jahr in größerer Menge zu einer bestimmten Zeit:

- um den 28. Juni die Drakoniden,
- um den 11. August die Perseiden (Laurentiusschwarm),
- um den 16. November die Leoniden (Novemberschwarm).

Das Ausstrahlen von einem bestimmten Punkt der Sphäre aus (nach dessen Sternbild sie benannt werden) ist eine optische Täuschung (Perspektive!). Es handelt sich um parallel ziehende Körper.

Während die Laurentiusschwärme jedes Jahr in derselben Ergiebigkeit auftreten, unterliegen die Novemberschwärme auffallenden Schwankungen. Auf Jahre schwacher Tätigkeit folgen solche größten Glanzes.

Besonders reichliche Schwärme wurden 1799 von Alexander von Humboldt beobachtet; 1833 und 1867 machte man dieselbe Feststellung. Das Intervall beträgt also 34 Jahre.

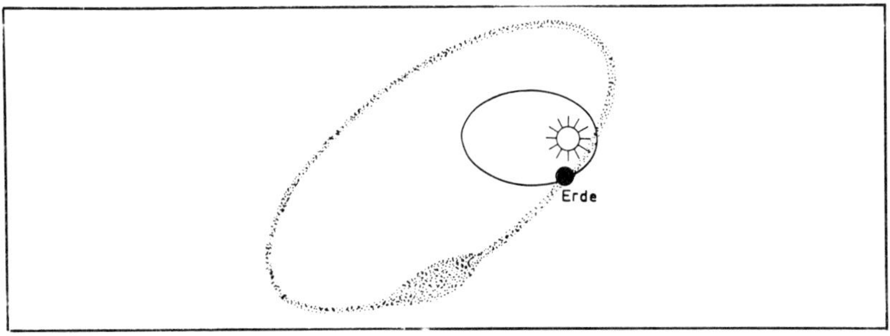

Abb. 115 Bahn eines Sternschnuppenschwarms (mit Verdickung) um die Sonne

Es kann sich hierbei nicht um eine im Raum feststehende Wolke von kosmischen Körpern handeln, durch den die Erde hindurch muß, denn sie Sonne mit ihren Planeten wandert selbst im Weltraum, würde also in kurzer Zeit heraus sein, und wir würden die Schwärme nicht mehr beobachten. Es muß ein mitwandernder Bestandteil des Sonnensystems selbst sein, ein Schwarm, der in elliptischer Bahn die Sonne umkreist und die Erdbahn an einer bestimmten Stelle trifft. Dieser Ring kann nun an einigen Stellen Verdickungen haben, etwa in Wolkenform (Abb. 115). Nach soundso vielen Jahren wird die Erde dann gerade diese Verdickung passieren; es gibt besonders helle und reichliche Fälle, wie sie Humboldt beobachtete und wie sie 1833 und 1867 wieder beobachtet wurden. Um 1900 muß diese verdickte Stelle dem Jupiter zu nahe gekommen sein; sie wurde aus ihrer Bahn abgelenkt, so daß wir sie in Zukunft nicht mehr passieren werden.
Wenn Meteore oder Sternschnuppen von verschiedenen Orten der Erde aus beobachtet werden, kann man aus den Angaben der Beobachter die Höhe errechnen, in denen das Aufleuchten eintritt: Das ist meist in 150 bis 100 km Höhe der Fall; in 80 bis 50 km Höhe verschwinden sie dann wieder. Ihre Geschwindigkeit muß oft riesig groß sein – 60 km/s sind nachgewiesen.
Während wir in den Novemberschwärmen einen neuen, höchst sonderbaren Trabanten der Sonne kennenlernten, sind andere Meteore oder Sternschnuppen ganz offenbar von weiter her, aus dem Fixsternraum zu uns gekommen. Fragend stehen wir vor diesen Boten einer unendlich fernen Welt. Sind es Zeugen einer ungeheuren kosmischen Katastrophe? Oder ist es das Urmaterial, aus dem neue Welten sich erst formen werden?

Kometen

Kometen oder Schweifsterne sind als auffallende Himmelserscheinungen selten, aber wenn wir alte Chroniken durchblättern, finden wir in allen Jahrhunderten Bilder und Beschreibungen von ihnen. An einen leuchtenden Kern setzt weit geschwungen ein leuchtender Schweif an, und immer ist bange Sorge, Angst vor Dürre oder Hungersnot, Seuchen oder Krieg, Mord und Erdbeben aus dem Text zu lesen. Alles Unglück, das in solchen Zeiten, in denen ein Komet am Himmel stand, vorkam, wurde ihm zugeschrieben und wenn es auch ein großes Katzensterben war. Aberglaube und Furcht mischten sich. Einmal hat sogar ein Papst einen Bannfluch gegen einen Kometen ausgesprochen, ihn als Teufelswerk erklärt.

Aber auch in der aufgeklärten Neuzeit ist die Welt noch nicht ganz frei davon, sind doch 1910 vor der vorausberechneten Wiederkehr des *Halleyschen Kometen*, der der Erde nahekommen mußte, tolle Dinge passiert.

Was hat es mit diesen Kometen auf sich?

Bei genauer Betrachtung eines Kometen fallen drei Teile auf, der Kopf, die Nebelhülle und der Schweif (Abb. 116).

Der Kern ist gewöhnlich klein, rund, hell, allerdings meistens den Planeten an Helligkeit nachstehend. Er ist aber oft nicht scharf begrenzt. Er besteht nicht aus fester Masse, ist daher auch starken Formänderungen ausgesetzt.

Um ihn herum liegt eine Nebelhülle, als deren Fortsetzung der Schweif anzusehen ist. Beide sind so hauchdünn, daß man dahinterstehende Sterne durch sie hindurchsieht. Der Schweif steht meist auf der der Sonne abgewandten Seite des Kometen und bildet sich erst, wenn der Komet sich der Sonne nähert.

Seine Länge ist oft sehr groß; es gibt Fälle, in denen er den dritten Teil des Himmels überspannte.

Daß ein Komet aus unvorstellbar fein verteilter Masse besteht, zeigte sich, als ein solcher im Jahre 1910 vor der Sonne vorüberging. Weder Schweif noch Kopf zeichneten eine Spur am Sonnenbild. Das Sonnenlicht dringt also hindurch, ohne gestört zu werden. Wenn die Masse bei diesen Erscheinungen so weitläufig verteilt ist, dann wird auch klar, warum diese Riesen die Bahnen der Sterne in keiner Weise beeinflussen, keine Störungen hervorrufen.

Abb. 116 Komet Arend-Roland

Solange die Kometen weit von der Sonne entfernt sind, leuchten sie wie die Planeten nur von reflektiertem Sonnenlicht. Nähern sie sich der Sonne zu stark, dann geraten offenbar die Einzelteile selbst ins Glühen, wie die Spektraluntersuchung zeigt. Das bedeutet eine gewaltige Helligkeitssteigerung – man kann sie selbst mittags sehen.

Einer der berühmtesten Kometen ist der Halleysche, der periodisch wiederkommt und bis in graue Vorzeiten zurückverfolgt werden kann. Er ist der erste, dessen Wiedererscheinen mit Erfolg vorausgesagt wurde: von dem englischen Astronomen Halley. Zuletzt erschien er 1910, und zwar pünktlich, allerdings nicht von der erwarteten Helligkeit. Er erscheint alle 76 Jahre, muß also auch ein Begleiter der Sonne sein, der in einer großen Bahn um sie herumläuft. Diese Bahn konnte berechnet werden; sie ist eine stark gekrümmte Ellipse, die weit über die Bahn des Neptun hinausgeht (Abb. 117).

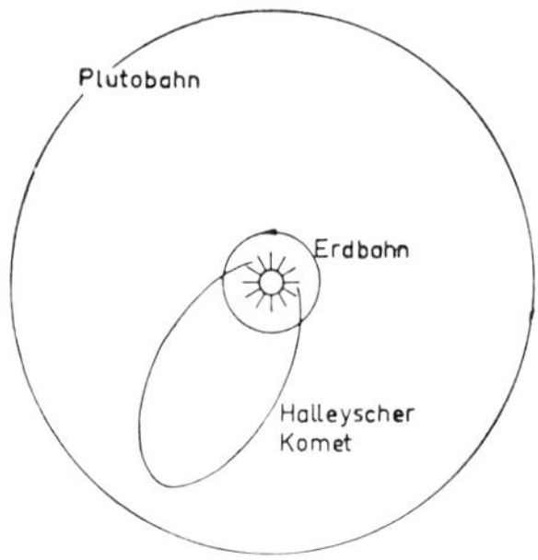

Abb. 117 Bahn des Halleyschen Kometen

Dieser Komet kam bei seinem letzten Besuch der Erde so nahe, daß sie eine Zeitlang in seinem Schweif gewesen sein muß, ohne daß irgend etwas davon bemerkt worden wäre. Eine Kollision mit dem Kern wäre aber vielleicht doch unangenehm gewesen, ein Hagel kleiner und kleinster Steinchen wäre auf die Erde niedergegangen. Das ist jedoch noch nicht vorgekommen, und bei der Einsamkeit, in der die Sterne voneinander angeordnet sind, brauchen wir keine Angst zu haben, daß Himmelskollisionen eintreten.
Die Bahn des Halleyschen Kometen ist noch klein gegen andere, die eine Umlaufzeit von Jahrtausenden haben müssen und weit über die Plutobahn hinauskommen. Im Gegensatz dazu kennen wir aber auch Kometen, die alle paar Jahre wiederkommen, wie der Komet *Encke*, der seine Bahn in 3 Jahren und 104 Tagen durchläuft.

Seltsame Kometenschicksale hat man schon beobachtet:
Der sogenannte *Bialasche Komet* erscheint mehrere Male nach Vorausberechnung. Aber 1845 beobachtet man, daß er recht kümmerlich geworden ist; er teilt sich vor den Augen der Beobachter in zwei Teile, die nun getrennt weitermarschieren. Nach sieben Jahren kommt er pünktlich wieder, die beiden Teile haben sich noch weiter voneinander entfernt. Und dann kommt er nicht wieder! Man beobachtet sorgfältig an den nächsten Terminen, aber nichts ist zu entdecken. Da 1872, genau an dem Tage, wo der Komet der Erde hätte am nächsten sein müssen, ziehen Millionen leuchtender Sternschnuppen über den Himmel, viele Stunden lang, und ebenso an den nächsten Terminen. Der Komet war weiter zerfallen und hatte sich in einen Sternschnuppenregen aufgelöst. Der Zusammenhang war verlorengegangen, die Masse des Kometen war zu einem Ring kreisender Materie geworden (siehe Seite 137).

Der Inflationsmaßstab

Kleine und große Himmelskörper zogen unsere Betrachtung auf sich, bei den letzten aber wurden die Entfernungen schon so riesenhaft, die Zahlen erhielten so viele Nullen, daß unsere Vorstellung da nicht mehr mit will. Wir wollen also den Versuch machen, Anhaltspunkte für richtige Vorstellungen und Vergleichsmöglichkeiten zu gewinnen.
Auf der Erde selbst können wir noch Vergleiche anstellen, indem wir einen Wanderer oder ein Verkehrsmittel ohne Unterbrechung wandern bzw. fahren lassen. Endlose Zeiten aber kommen heraus, wenn man diesen Wanderer nur bis zur Sonne wandern läßt.
Nehmen wir die rasende Schnelligkeit eines Geschosses, so würde dieses, wenn so etwas möglich wäre, die Erde vielleicht in drei Stunden umlaufen, zur Sonne brauchte es aber schon fünf Jahre, zum letzten Glied der Planetenfamilie, zum Pluto, Jahrhunderte.
Gehen wir noch einen Schritt weiter und benutzen das Licht als Boten. Es legt die Strecke Hamburg-Berlin in einer tausendstel Sekunde zurück. Auch dieses Licht braucht 8½ Minuten zur Sonne, zum nächsten Fixstern aber Jahre.
Lassen wir alles im Maßstab 1:1 Milliarde zusammenschrumpfen, um auf eine andere Weise Vergleichsmöglichkeiten zu bekommen. Es sollen 1 000 000 000 m zu 1 m werden. Das bedeutet:

1 000 000 km = 1 m = 1 Schritt
oder:
1000 km = 1 mm

Die Strecke Wien–Paris reduziert sich auf diese Weise auf einen Millimeter. Wie sehen dann die astronomischen Größen aus? Rechnen wir um:

Erdumfang = 40 000 km = 40 000 000 m = 4 000 000 000 cm		
	wird	4 cm
Erddurchmesser	wird	13 mm
Monddurchmesser	wird	3,5 mm
Entfernung Erde–Mond	wird	38 cm
Entfernung Erde–Sonne	wird	150 m
Sonnendurchmesser	wird	1,4 m

Das bedeutet: Wenn wir uns die Erde als Körper der Größe einer Haselnuß vorstellen, um die in 38 cm Abstand eine Erbse kreist, dann bleibt das Bild richtig, wenn wir in 150 m Abstand einen Körper von Wagenrad-Querschnitt als Zentralgestirn annehmen.
Machen wir uns dies Bild klar, um zu richtigen Vorstellungen zu kommen. Ich glaube, daß alle überrascht sind von der Kleinheit der Körper im Vergleich zu den Abständen – angesichts der Riesenausmaße der Sonne und der anderen Himmelskörper.
Doch erst wenn wir dieses alles im Inflationsmaßstab 1:1 Billion (1:1 000 000 000 000), also noch wieder tausendfach schrumpfen lassen, dann erst bekommen wir ein Modell, das auch die Fixsterne und den Andromedanebel einzuordnen gestattet. Dann schrumpft freilich die Sonne zum Sandkorn zusammen, die Planeten werden Stäubchen, die nur das Mikroskop noch nachweisen kann. Die Erde erhielte einen Durchmesser von nur $1/100$ mm. Dann würde, wenn die Sonne im Mittelpunkt eines Tellers läge, die Erde gerade am Rande des Tellers herumwandern, das ganze Planetensystem könnte man in einem Saal unterbringen, die Fixsterne aber müßte man in 100 oder mehr Kilometer Abstand wieder als Sandkorn anordnen und weit außerhalb der Erdkugel den Andromedanebel.
Ein amerikanischer Astronom betrachtete die feinen Spinnfäden, die er zur Herstellung der Fäden seines Mikrometers im Okular des Fernrohres verwandte. Er stellte fest, daß auf ein halbes Kilogramm 40 000 km dieser feinen Fäden gingen; ein Faden also, der einmal um die Erde reichte. Verbände man die Sterne durch solche Fäden mit der Erde, so müßte man 5 kg haben, um beispielsweise den Mond zu erreichen, 500 000 t aber, um das Band zum nächsten Fixstern zu spannen. Ein Eisenbahnzug von 25 km Länge wäre erforderlich, um diese Massen zu transportieren. 500 kräftige Lokomotiven hätten ihre Mühe damit.

Die Welt der Fixsterne

Die Fixsterne

Sonne, Mond und Planeten verfolgten wir auf ihren Bahnen; unveränderlich, uns als Marken dienend, stehen indes die Fixsterne in ewig denselben Richtungen und Stellungen zueinander.
In ihre Welt wollen wir eindringen. Immer weiter schieben wir die Grenzen der Erkenntnis hinaus in den scheinbar endlosen Weltraum. Nur einen winzigen Auszug, einen winzigen Winkel der Welt haben wir erst kennengelernt, den wir von einem der Fixsterne aus nur als ein schwaches Pünktchen oder überhaupt nicht mehr sehen würden.
Wie kann man nun etwas über diese Fixsterne erfahren?
Äußerlich fällt zunächst zweierlei auf: Die Fixsterne haben verschiedene Helligkeiten und verschiedene Farbe; immer, auch bei Anwendung der größten Vergrößerungen, erscheinen sie als Punkte.
Wir sind geneigt, die Helligkeit als Maß für die Größe anzusehen. Das ist aber nicht unbedingt richtig, ebensowenig wie der Schluß, daß der hellste Stern uns auch am nächsten stehen müsse.
Die Einteilung der Sterne in Größenklassen hat mit der wahren Größe nichts zu tun. Es ist damit lediglich die Lichtstärke gemeint, mit der sie auf unser Auge wirken. Sterne 1. Größe sind solche, die die stärksten Lichteindrücke machen, denen dann Sterne bis zur 6. Größe folgen – der äußersten Grenze dessen, was das Auge unter besonderen Bedingungen noch wahrnehmen kann. Das Palomar-Teleskop aber gestattet darüber hinaus noch, bis zur 23. Größe zu gehen.
Ich erwähnte schon, daß die sichtbaren hellen Sterne so reichlich nicht sind. Genaue Zählungen ergaben folgende Anzahl der Sterne am ganzen Himmel:

12	der Größe 1
39	der Größe 2
105	der Größe 3
445	der Größe 4
1460	der Größe 5
4720	der Größe 6

Von diesen sehen wir in sternklaren, mondlosen Nächten über unserem Horizont höchstens die Hälfte. Es fällt auf, daß die schwächeren in viel größerer Anzahl vorhanden sind.
An Sternen 1. Größe (auf Nordbreite sichtbar) kennen wir schon folgende:

Aldebaran	im Sternbild Stier
Arcturus	Bärenhüter (Bootes)
Atair	Adler
Beteigeuze	Orion
Capella	Fuhrmann
Pollux	Zwillinge
Procyon	Kleiner Hund
Regulus	Löwe
Rigel	Orion
Sirius	Großer Hund
Spika	Jungfrau
Wega	Leier

Der Polarstern ist 2., der Hauptstern der Plejaden (Siebengestirn) 3., die anderen Sterne dieses Bildes sind 4., 5. und 6. Größe.
Gewaltig aber steigt die Zahl der Sterne im modernen Fernrohr an, mit dem auch winzigste Lichtspuren noch zu erfassen sind:

46 000 Sterne	8. Größe
380 000 Sterne	10. Größe
2 580 000 Sterne	12. Größe
110 000 000 Sterne	16. Größe

Allein in der Milchstraße könnte man wahrscheinlich 100 Milliarden Sterne zählen.
Diese überlieferte Größeneinteilung ist nicht willkürlich, wie es zunächst scheinen mag. Ihr liegen in Wirklichkeit die Helligkeits*verhältnisse* zugrunde, nicht die Helligkeits*unterschiede*.

Wenn in einem Raum drei gleich starke Lampen brennen und man löscht eine, so nimmt man eine Helligkeitsverminderung wahr. Hätten 15 Birnen gebrannt, so hätte man – so lehrt der Versuch – fünf löschen müssen, um diese Helligkeitsverminderung zu empfinden. Diese Minderung ist also an das Lichtstärkenverhältnis 3:2 geknüpft (3:2 wie 15:10).

Wenn wir zwischen Sternen 6. und 5. Größe denselben Helligkeitsunterschied feststellen wie zwischen solchen 5. und 4. Größe, so bedeutet das, daß in beiden Fällen zwischen den Sternen dasselbe Helligkeitsverhältnis besteht.

Derartige Helligkeitsverhältnisse kann die Physik mit einem Helligkeitsmesser, einem Photometer, messen (wir kennen sie in Form von Belichtungsmessern).

Diese Messungen ergeben, daß zwischen den zunächst ja durch Beobachtung festgelegten Größenstufen das Verhältnis 2,5:1 besteht. Ein Stern 2. Größe ist 2,5mal so hell, sendet 2,5mal soviel Licht aus wie ein Stern 3. Größe.

Die Sterne 1. Größe sind noch weiter aufzuteilen: Ein Stern, der 2,5mal so hell ist wie ein Stern 1. Größe, wird mit Null eingeordnet. Dabei kommt man sogar zur negativen Zahlen: So ist

- Canopus von der Größe -0,8,
- Sirius von der Größe -1,6.

Der Mond hat die Größe -12 und die Sonne -27.

Wie der Begriff Größe scharf gefaßt wurde und Messungen zugänglich wird, so mußte auch mit der anderen Beobachtung, der Farbe, etwas geschehen; man weiß, wie verschieden Farbschilderungen verschiedener Beobachter ausfallen können.

Weiß leuchten:	Sirius, Wega, Regulus, Rigel, Spika
Gelb, gelblich-weiß:	Procyon, Capella, Arcturus
Rötlich:	Aldebaran, Antares, Beteigeuze

Zwischen diesen Farben noch Zwischenstufen zu sehen, ist möglich, wenn auch schwer.

Nun besteht aber zwischen der Farbe des ausgesandten Lichtes und der Temperatur des ausstrahlenden Körpers ein Zusammenhang.

Die Spektraluntersuchung zeigt, daß alle Fixsterne ein eigenes Spektrum geben; es sind also ferne Sonnen, ähnlich der unsrigen, die sich allerdings in den verschiedensten Entwicklungsstadien befinden. Es handelt sich nicht um von unserer Sonne ausgehendes, von diesen Sternen zurückgeworfenes Licht wie bei den Planeten, die Fixsterne sind vielmehr selbst Sonnen, Eigenstrahler.

Nun wissen wir, daß nur heiße Körper starke Licht- und Wärmestrahlen aussenden. Wenn man einen Körper erwärmt (Ofen, Eisenstab), so wird er zunächst nur Wärme liefern, was nicht sichtbar ist. Mit zunehmender Erwärmung aber wird er in Rotglut geraten, dann gelb leuchten, schließlich weiß glühen. Je heller die Farbe, desto höher die Temperatur.
So ist es auch bei den Sternen. Wir wissen heute durch Untersuchung des ankommenden Lichtes, welche Temperaturen auf der Oberfläche der Sterne herrschen:

Spika	22 000°	Atair	8500°
Wega	16 000°	Procyon	8000°
Rigel	11 000°	Capella	5800°
Regulus	13 500°	Arcturus	4200°
Sirius	11 000°	Aldebaran	3600°
Deneb	11 000°	Antares	3600°
		Beteigeuze	3000°

Man vergleiche die Zahlen mit den Farbbeobachtungen.
Die Untersuchung der Sternspektren gibt Auskunft über die Zusammensetzung der Sterne. Es sind wieder dieselben Bausteine, die diese fernen Welten ebenso wie Erde und Sonne aufbauen.
Nach dem Überwiegen dieses oder jenes Stoffes sind gewisse Stern*klassen* zu unterscheiden. Man teilt die Sterne nach Farbe, Spektrum und Temperatur in sechs Hauptsternklassen ein:

Klasse	Farbe des Sterns	mittlere Temperatur der Oberfläche in Grad Celsius	typisch für die Klasse
1	bläulich-weiß	20 000	Spika
2	weiß	10 000	Deneb, Sirius
3	gelblich	8 000	Procyon, Atair
4	gelb	6 000	Capella, Sonne
5	tiefgelb-orange	4 000	Arcturus, Aldebaran
6	rot	3 000	Antares, Beteigeuze

In dieser Zusammenstellung stehen Sterne in derselben Klasse, von denen uns der eine viel heller erscheint als der andere. Das liegt daran, daß seine Oberfläche ungleich größer ist als die des anderen. Bei solchen Vergleichen muß bedacht werden, daß die sehr verschiedenen Entfernungen die Helligkeit für uns stark beeinflussen. Man verfährt daher so, daß man sich die Sterne in einer Einheitsentfernung denkt und dann angibt, in welcher Stärke der Stern uns auf der Erde leuchtet. Die *absolute* Helligkeit zum Beispiel des Rigels im Orion beträgt -5,7, die unserer eigenen Sonne +4,8. Das bedeutet, daß der Rigel etwa 100 000mal mehr Licht aussendet als unsere Sonne.
Es gelingt auch, den Durchmesser einiger dieser unendlich weit entfernten Riesensterne zu bestimmen, die selbst in den größten Fernrohren nur als Punkte erscheinen – ein fast unglaublicher Erfolg der Astrophysik.
Der Durchmesser der Beteigeuze im Orion beträgt 1 000 Millionen Kilometer! Das bedeutet: Er ist 6,7mal so groß wie der Abstand Erde – Sonne.
In dem Raum, den die Beteigeuze einnimmt, könnte man die Sonne samt Erd- und Marsbahn unterbringen (Abb. 118).

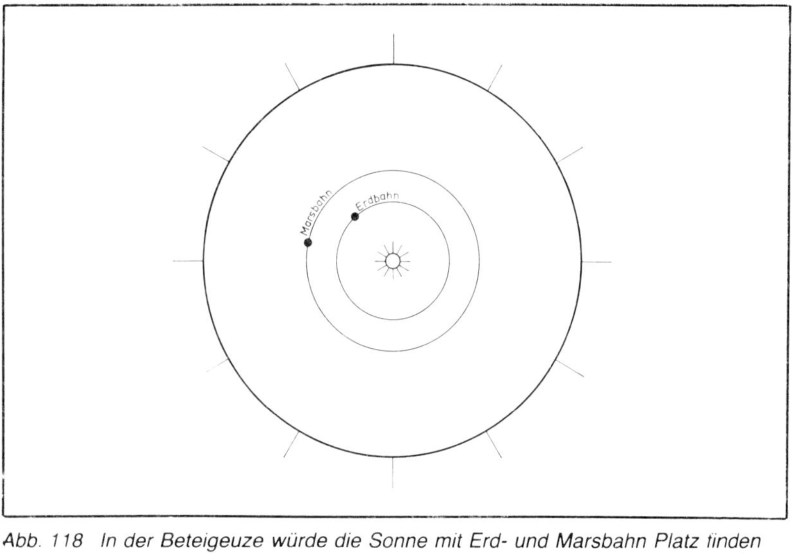

Abb. 118 In der Beteigeuze würde die Sonne mit Erd- und Marsbahn Platz finden

Betrachten wir folgende Tabelle:

Stern	Durchmesser in Sonnendurchmessern	Entfernung in Lichtjahren	Temperatur in Grad Celsius
Arcturus	28	36	4200
Aldebaran	45	68	3600
Antares	285	420	3600
Beteigeuze	730	600	3000

Bemerkenswert ist, daß alle diese Riesensterne recht niedrige Temperaturen haben.
Die großen Rauminhalte, die sich aus diesen Durchmessern ergeben, dürfen freilich nicht ohne weiteres als gleich große Gewichtsunterschiede angenommen werden. Im Gegenteil: Sterngewichte größer als 60 Sonnengewichte kommen nicht vor.
In diesen Riesensternen, deren Größenverhältnis Abb. 119 verdeutlicht, muß die Masse also sehr fein verteilt sein, so fein wie etwa die Staubteilchen in einer Rauchwolke.
Die Riesensterne sind auch Riesen in der Leuchtkraft. Beteigeuze zum Beispiel hat mehr als zehntausendfache Sonnenhelligkeit.

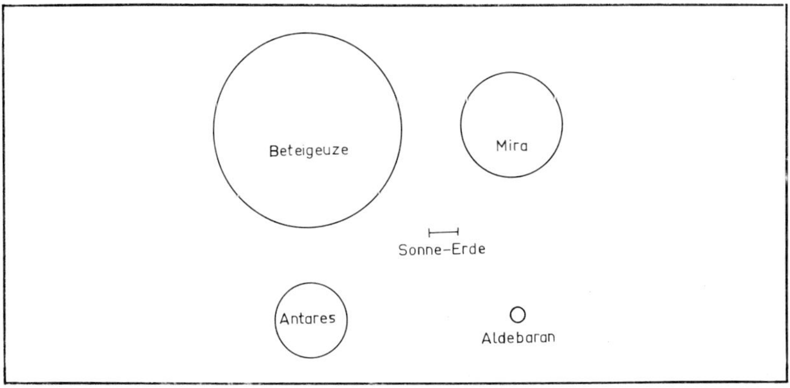

Abb. 119 Größe von Beteigeuze, Mira, Antares und Aldebaran im richtigen Verhältnis

Neben diesen „Riesen“ beobachtet man aber auch Sterne sehr kleinen Durchmessers, „Zwerge“, zu denen auch unsere Sonne gehört. Man fand sogar Zwergsterne, die nicht viel größer sind als die Erde, die aber in ihrem Innern soviel Masse bergen wie die Sonne. Der Sirius-Begleiter (siehe Seite 171/172) gehört zu ihnen.
Bei diesen Sternen ist die Masse über 100 000mal so dicht wie Wasser, so daß ein Kubikzentimeter nicht 1 g wie bei Wasser, sondern mehr als 100 kg wiegt. Die meisten Zwerge aber sind in Massendichte und Leuchtkraft der Sonne ähnlich. Ihre Temperatur ist niedrig; man kennt gelblich leuchtende Zwerge mit 6000°C bis zu rot leuchtenden von nur 3000°C Oberflächentemperatur. Es ist bemerkenswert, daß die lockeren Riesensterne dieselbe Temperatur haben wie diese dichtgepackten Zwerge.
Sind vielleicht diese so verschiedenen Sterne, die wir nebeneinander beobachten, Gebilde verschiedener Altersstufen? Kann man diese Sterntypen in einer Entwicklungs*reihe* einordnen und damit einen Blick in die Entstehung der Welt werfen?

Geschichte der Sterne

Die folgende Sterngeschichte geht von den kosmischen Staubmassen aus, die den Weltraum auf weite Entfernungen hin erfüllen. Wie eine erste Zusammenballung dieser Staubmassen zustande kommt, können wir noch nicht mit Sicherheit sagen. Sicher aber ist, daß nicht alle Sterne so alt sind wie unsere Sonne, die mindestens fünf Milliarden Jahre auf dem Buckel hat.
Auch heute noch entstehen innerhalb unseres Milchstraßensystems immer neue Sterne aus der Schicht staubförmiger Materie, die zwischen den Sternen liegt, der *interstellaren* Materie. Sie entstehen sogar in ganzen Gruppen dort, wo diese Staubmassen sich aus irgendeinem Grunde zu dichteren Wolken zusammengezogen haben. Befindet sich ein Stern großer Leuchtkraft in der Nähe dieser Massenverdichtung, so kann er sie auf sehr hohe Temperatur und damit zum Selbstleuchten bringen. In diesem Stadium sind zum Beispiel der Orionnebel (Abb. 128) und der Rosette-Nebel, von dem Abb. 120 einen stark vergrößerten Ausschnitt zeigt.
Diese heißen Gasnebel dehnen sich mit ungeheurer Wucht und ganz unregelmäßig aus. Dabei kommt es an einzelnen Stellen zur Abschnürung kälterer Materie. Solche abgeschnürten Dunkelmassen erkennen wir in Abb. 120 an mehreren Stellen. Mann nennt sie ihrer länglichen Form wegen *Elefantenrüssel.*
Unter dem großen Druck der sich ausdehnen wollenden Massen des heißen Gasnebels verdichten sich viele dieser Dunkelmassen sehr stark. Ihre Temperatur steigt, und es kommen im Innern schließlich jene Atomkernprozesse in Gang, wie wir sie schon von der Sonne her kennen: Wasserstoff wird zu Helium „verbrannt". Nun haben wir einen „Stern" vor uns, der leuchtet, das heißt Energie in den Weltraum ausstrahlt. In diesem Stadium befindet sich unsere Sonne, und in diesem Zustand bleiben die Sterne sehr lange.
Noch vor kurzem stellte man sich die weitere Entwicklung eines neuentstandenen Sterns so vor:
Unter dem Einfluß der Schwerkraft ziehen sich die Massen immer stärker zusammen. Mit der Verdichtung der Masse wird der Stern heißer, heller. Während er also zuerst überhaupt noch nicht sichtbar war, wird er zum rot

Abb. 120 Rosette-Nebel (Teilaufnahme). Man beachte die dunklen Elefantenrüssel

leuchtenden Riesenstern, dann zum gelben Stern, dessen Oberflächentemperatur höher, dessen Durchmesser kleiner wurde. Immer weiter geht dieser Prozeß, immer heißer wird der sich zusammenziehende Ball, bis seine Oberflächentemperatur auf über 10 000, vielleicht bis auf 20 000°C gestiegen ist. Blendend weiß leuchtet er in die Welteinsamkeit hinaus.

Nun beginnt die Ausstrahlung die durch das Zusammenziehen hinzukommende Energie langsam zu überwiegen. Der Himmelskörper zieht sich weiter zusammen, aber seine Temperatur fängt an zu sinken; er wird wieder gelb, ist aber jetzt ein Zwerg, verglichen mit den gelben Sternen der Jugendentwicklungsreihe. Auf dieser Stufe steht die Sonne, die also dann schon auf dem absteigenden Ast wäre, wie man hier wirklich sagen muß.

Der Stern wird bei stetig sich weiter fortsetzendem Zusammenziehen immer rötlicher, bis er so erkaltet ist, daß er überhaupt nicht mehr sichtbar ist. Als dunkler Himmelskörper wandert er weiter durch den Raum, wir sehen ihn nicht, ahnen von seiner Existenz nichts.

An unseren Planeten haben wir Beispiele solcher abkühlender Himmelskörper, so daß wir uns ungefähr ausmalen können, wie diese Entwicklung weitergeht. Nach der Bildung einer festen Kruste um den heißen Kern (Stadium der Erde) wird langsam der ganze Körper erkalten, bis er so vollkommen erstarrt ist wie unser Begleiter Mond.

Nach den modernen Vorstellungen aber wird die Entwicklung des Sterns ganz anders verlaufen. In seinem Innern wird immer mehr Helium entstehen, der Kern zieht sich zusammen, wird immer heißer, aber die äußeren Schichten blähen sich gewaltig auf, so daß uns der Stern als roter Riesenstern erscheint. Wenn unsere Sonne dieses Stadium erreicht hat – es wird noch sehr lange dauern –, dann werden die ihr nahestehenden Planeten, also auch die Erde, durch die Hitze verbrannt werden.

In dem 100 bis 200 Millionen Grad heißen Kern wird das Helium noch schwerere Elemente aufbauen, wie zum Beispiel Kohlenstoff, Sauerstoff usw. Aber der Stern als Ganzes beginnt damit zu altern, es treten unregelmäßige Helligkeitsschwankungen auf. Ausbrüche von Materie in den Weltraum verbrauchen seine Masse. Am Ende bleibt nur der heiße Kern (weiß leuchtender Zwergstern). Er wird sich schließlich in Gas zerstäuben und wieder in den Urstoff, die interstellare Materie, zurücksinken.

Entfernungsmessung

Es gehört zu den Triumphen menschlicher Geistesarbeit, daß es gelingt, die Abstände der Fixsterne von der Erde zu messen – obgleich diese Himmelskörper so ungeheuer weit von uns entfernt sind.
Wie mißt der Seemann den Abstand seines Schiffes von einem Punkt der Küste? Er macht eine *Doppelpeilung*, das heißt, er peilt einen Küstenpunkt F (Abb. 121), segelt von dem Ort A der ersten Peilung bis B, um dort noch einmal F zu peilen. Aus den Peilwinkeln und der versegelten Strecke AB folgt durch Zeichnung der Abstand FB bei der zweiten Peilung. Diese Messung wird um so genauer, je näher er F ist. Wenn F weiter weg liegt, muß er eine größere Versegelung wählen, bis der Punkt F merklich ausgewandert ist. Er weiß: Wenn ich eine ferne Bergspitze nehme, wird die Abstandsbestimmung sehr ungenau. Wollte ich etwa den Mond benutzen, so würde überhaupt kein Auswandern der beobachteten Marke stattfinden, also auch keine Doppelpeilungsfigur gezeichnet werden können.
Der Seemann braucht also nicht seinen Abstand von F selbst ausmessen, er kann mit Winkelmessungen auskommen, wenn er nur eine bekannte, genügend große *Basis* hat, wie es der Landmesser nennt, der bei der Vermessung von Landstücken ebenso verfährt.

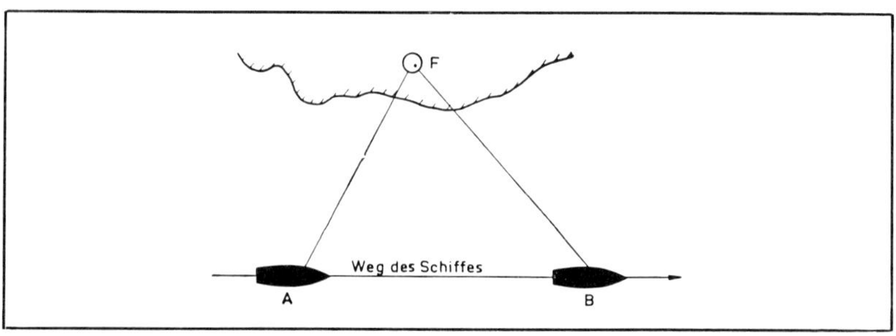

Abb. 121 Doppelpeilung

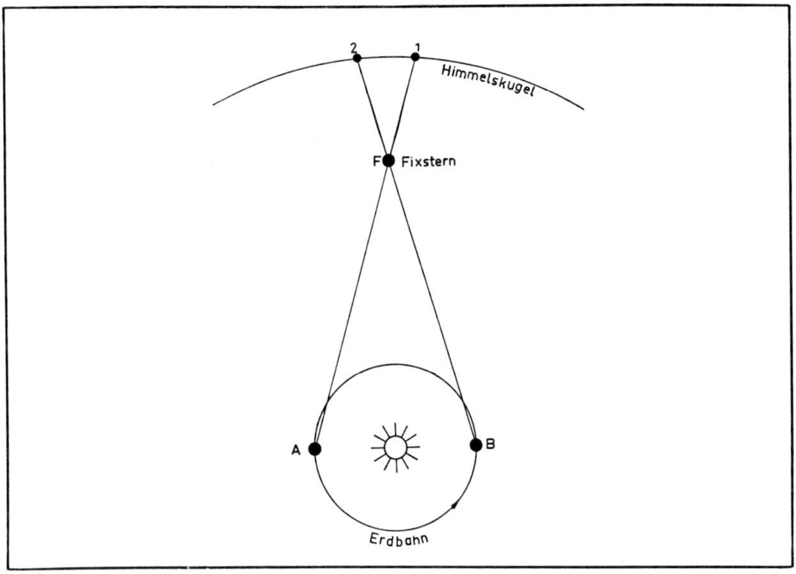

Abb. 122 Doppelpeilung eines Fixsterns

Der Astronom muß allerdings sehr große Basisstrecken haben, schon um den Abstand des Mondes oder der Sonne von der Erde zu bestimmen, denn wenn wir etwa eine Seemeile auf der Erde weiterwandern, hat sich die Richtung, in der wir den Mond sehen, überhaupt noch nicht verändert. Die größte Basis, die wir auf der Erde haben könnten, wäre, die eine Beobachtung auf dem Nordpol, die andere auf dem Südpol zu machen. Aber auch das nützte noch nichts, die Sehstrahlen von diesen beiden Punkten zum Gestirn würden vollkommen parallel ausfallen. Wir brauchen also eine größere Basis. Die Erde bewegt sich bekanntlich in einer Ellipsenbahn um die Sonne. In zwei Stellungen (A und B in Abb. 122) haben wir damit eine Basis von 300 000 000 km Länge zur Verfügung, die ein Flugzeug erst in etwa 35 Jahren bewältigen würde.
Der Stern muß also am 21. 3. in der Richtung AF, am 21. 9. in BF beobachtet werden.

Immer noch aber ist dieser Richtungsunterschied zwischen AF und BF so klein, daß erst die unendlich verfeinerten Meßgeräte des letzten Jahrhunderts bei einigen sehr nahe stehenden Fixsternen Richtungsunterschiede dieser Art festzustellen erlaubten. Es sind erst wenig mehr als hundert Jahre her, daß der deutsche Astronom Bessel die erste Fixstern-Abstandsbestimmung an dem Stern 61 des Sternbildes Schwan durchführte.
Der uns nächstgelegene Stern ist ein Stern im Sternbild Centauren – ein Sternbild des südlichen Sternhimmels. Er ist *nur* 4,3 Lichtjahre entfernt und wäre im Milliarden-Maßstab 43 000 km von der 1,4 m großen Sonne anzuordnen.
Der nächste unter den Fixsternen des Nordsternhimmels, die wir bisher kennenlernten, der Sirius, ist 8,8 Lichtjahre von uns entfernt.
Erinnern wir uns, was diese Lichtjahrangaben bedeuten: Das Licht, das in einer Sekunde 300 000 km zurücklegt, durchläuft im Jahr rund 10 Billionen Kilometer. Gedächtnisstütze:

L i c h t j a h r e s w e g
10 000 000 000 000

Die Zahl hat soviel Stellen, wie das Wort Lichtjahresweg Buchstaben hat.
Die bei dieser Messung auftretenden Winkel zwischen den Richtungen AF und BF sind ungeheuer klein. Teilt man einen Grad in 60 Minuten, sogenannte Bogenminuten, jede dieser Minuten noch einmal in 60 Teile, die Bogensekunden, dann sind die Winkel bei der Fixstern-Abstandsbestimmung noch wieder kleine Bruchteile dieser Bogensekunden. Wenn etwa 300 m von uns ein Grashalm steht, dessen Spitze sich um einen Millimeter hin und her bewegt, dann beträgt der Winkel zwischen den Sehstrahlen eine ¾ Bogensekunde, wie bei der Messung an dem Stern des Centauren.
Die Wissenschaft arbeitet heute mit Geräten, die noch 0,01 Bogensekunde, den hundertsten Teil der Bogensekunde, messen. Das bedeutet in dem Grashalm-Beispiel, daß wir die Schwankung von einem Millimeter hin und her eines Grashalms beobachten können, der 20 km entfernt auf einer Wiese steht.
Von all den Schwierigkeiten dieser Messungen kann ich hier kaum einen Begriff geben, denn manche kleinste Bewegungen, wie die Schwankung der Erdachse zum Beispiel, haben wir gar nicht besprochen. Aber auch die Lufthülle macht nicht geringe Schwierigkeiten.
Mit diesen Methoden kommt man bis zu etwa 300 Lichtjahren, da liegt die Grenze für die direkten Messungen.

Die Feststellung, daß ein Lichtjahr 10 Billionen Kilometer bedeutet, ist nicht mehr anschaulich. Lassen wir einmal wieder alles im Maßstab 1 : 1 Billion zusammenschrumpfen. Dann wird freilich die Sonne zum Sandkorn, die Erde zum kaum meßbaren Staubteil reduziert, die Fixsternwelt aber wird uns klarer. Es zeigt sich nämlich, daß, wenn wir um das Sandkorn Sonne eine Kugel von rund 600 km Halbmesser legen, in dieser Kugel nur 76 sichtbare Sterne liegen würden, von Sandkorngröße wie die Sonne. Befände sich die Sonne etwa in Bremen – als Sandkorn –, dann wäre die nächste Masse überhaupt, das nächste Sandkorn Stern, erst in Bremerhaven anzuordnen. Zwischen diesen Sandkörnern ist nichts, ist der Weltraum leer.

Das muß man sich einmal klarzumachen versuchen, um zu verstehen, daß sich auch ganze Sternreisegesellschaften durchkreuzen können, ohne daß sie sich stören oder sich durch Massenanziehung beeinflussen. Eine Kollision kann schon gar nicht erwartet werden, sie wäre ein ungeheuerlicher Zufall.

Weiter als diese Kugel reicht, dringen wir mit der geschilderten Meßmethode auch heute noch nicht in den Weltraum ein; alle weiterreichenden Ergebnisse sind anders gewonnen. Wir wissen bereits, daß die scheinbare Größe eines Sterns nichts aussagt über die wahre Größe. So erscheint uns der Sirius in hellen Winternächten viel heller als der Rigel. Die folgende Entfernungstabelle aber zeigt, daß Sirius neun, Rigel jedoch 880 Lichtjahre von uns entfernt ist.

Abstände der bekannten Fixsterne	
Sirius	9 Lichtjahre
Wega	26
Pollux	35
Arcturus	36
Castor	44
Capella	45
Aldebaran	68
Regulus	86
Sterne der Plejaden	410
Antares	420
Beteigeuze	600
Polarstern	650
Rigel	880

Würde man den Sirius an die Stelle des Rigels setzen, so würden wir ihn nur als ein ganz winziges Pünktchen wahrnehmen, so wie die Sonne aus Siriusweite betrachtet ein recht unansehnlicher Stern wäre, von der Erde ganz zu schweigen, die wir dann natürlich nicht mehr sehen könnten. Befände sich die Sonne dort, wo der Polarstern steht, würden wir sie auf der Erde kaum noch ausmachen können. Welch eine Riesensonne muß der Polarstern also sein, daß wir ihn so hell am Himmel sehen!

Nun müssen wir sogar den Begriff *Fixstern* noch fallenlassen. Zwar stehen die Fixsterne, zu Sternbildern angeordnet, noch ebenso da, wie sie die alten Ägypter fanden, aber in Millionen von Jahren werden diese ganz anders aussehen. Mit Meßgeräten hat man festgestellt, daß auch die Fixsterne Eigenbewegungen haben. Sie ruhen nicht, wir sehen ihre Bewegungen bei den unendlichen Abständen jedoch nicht. Der Arcturus beispielsweise bewegt sich in 100 Jahren immerhin um Vollmondbreite weiter. Dabei entdeckte man auch, daß sich in ein und demselben Sternbild – zum Beispiel im Großen Bären – nicht alle Sterne in demselben Sinn bewegen (Abb. 123). Es handelt sich bei diesem Sternbild um zwei Sterngesellschaften, die, auf verschiedenen Kursen durcheinander hindurchfliegend, nur für die Menschen das Bild eines Himmelswagens bieten.

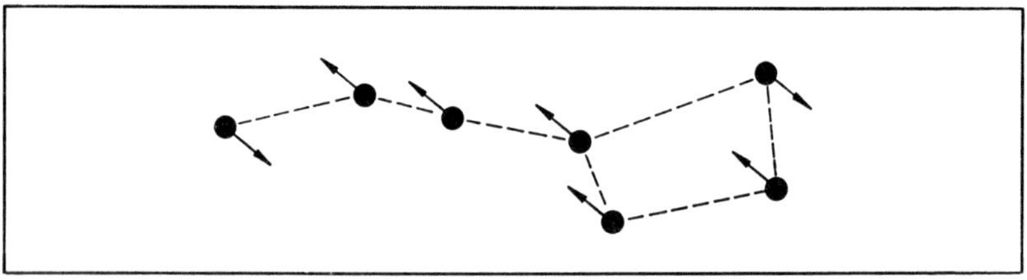

Abb. 123 Bewegung der Sterne des Großen Bären

Je näher die Sterne stehen, desto mehr Aussicht haben wir, ihre Eigenbewegung zu erkennen. Und je mehr sie quer an uns vorüberziehen. Bewegt sich ein Stern zufällig auf uns zu, dann wandert er überhaupt nicht aus.

Diese Fälle sind auch aus anderen Gründen besonders interessant. Eine Beobachtung aus dem täglichen Leben weist uns die Richtung, in der sich ein neuer Weg der Forschung öffnet:

Eine pfeifende Lokomotive nähert sich uns. Sobald sie an uns vorbei ist und wegfährt, ist der Ton der Pfeife tiefer. Das erklärt sich so: Je mehr Schallwellen unser Ohr in der Sekunde erreichen, desto höher ist der Ton, den wir hören. Wenn sich die Schallquelle auf uns zubewegt, treffen uns pro Sekunde mehr Schallwellen, als wenn der Körper ruht oder sich gar von uns entfernt (Doppler-Effekt).

Da auch das Licht eine Wellenbewegung ist, muß auch damit eine Veränderung vor sich gehen, wenn es von einem sich auf uns zubewegenden Stern kommt, verglichen mit dem Licht, das von einem Stern herrührt, der immer den gleichen Abstand von uns hält, oder gar einem, der sich von uns wegbewegt. Das kann im Spektrum dieses Lichtes an einer Verschiebung der Linien nachgewiesen werden. Die Größe der Linienverschiebung ist ein Maß für die Geschwindigkeit der Bewegung auf uns zu. So wissen wir durch Beobachtung derartiger Linienverschiebung im Spektrum, daß sich zum Beispiel der Aldebaran in jeder Sekunde 55 km von uns entfernt, der Polarstern sich etwa 15 km nähert.

Und nun die große Überraschung, die eigentlich keine mehr ist: Auch die Sonne mit all ihren Trabanten ist auf dem Marsch!

Mit einer Geschwindigkeit von ungefähr 20 km in der Sekunde reisen wir mit ihr in Richtung Sternbild Leier. Den nächsten Fixstern, im Centaur, würden wir, hätten wir Kurs auf ihn, bei dieser Riesengeschwindigkeit in 64 000 Jahren erreicht haben...

Ich sagte, daß die Sterne oft in Sternfamilien reisen. Solche Sternfamilien sind zum Beispiel die Sterne des Siebengestirns und die Gruppe der Hyaden um den Aldebaran herum (er selbst gehört nicht dazu).

Das Siebengestirn war die fliehende Mädchenschar der Sage. Als wenn die Alten von dem Wandern dieser Gruppe gewußt hätten! Zeichnet man die Eigenbewegungen der Sterne einer Gruppe auf, dann streben sie scheinbar alle zu einem Punkt zusammen (Abb. 124). Das ist jedoch eine perspektivische Täuschung, wie wir sie etwa von Bahnschienen her kennen, die auf weite Entfernung hin auch zusammenzulaufen scheinen. In Wirklichkeit sind die Bahnen der Sterne parallel, sie laufen von uns weg. In 65 Millionen Jahren werden wir diese Sterne nur noch als kleinen Nebelfleck erkennen können.

Auch diese Sterngesellschaften geben uns Gelegenheit, den Raum messend zu durchdringen, so wie der Abstand der Schlußlichter eines in der Ferne verschwindenden D-Zuges bei bekannter Geschwindigkeit des Zuges ein Maß für die Abstandsbestimmung ist.

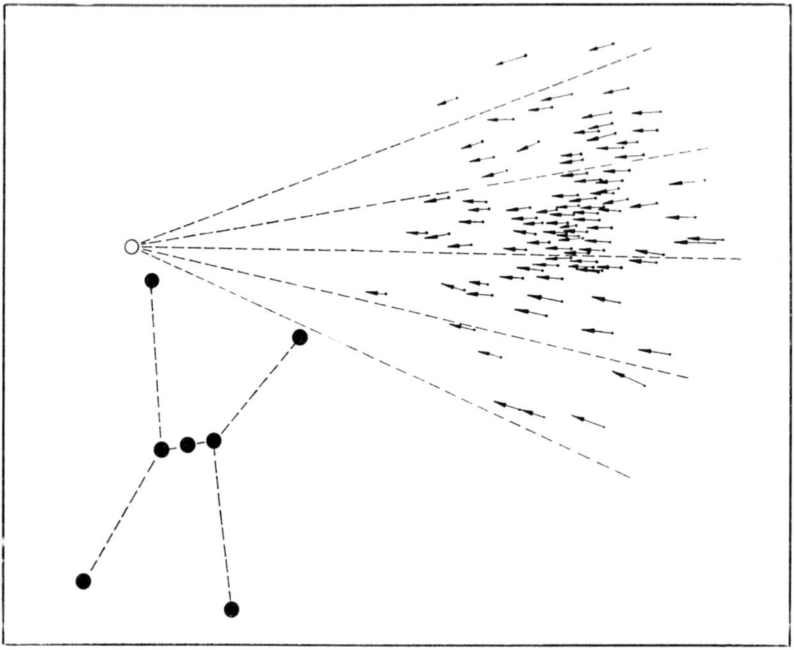

Abb. 124 Eigenbewegung einer Sternreisegesellschaft

Das südliche Kreuz

Der Beobachter auf Nordbreite bekommt nur einen Teil der Milchstraße – der Spur des Sonnenwagens, wie die Alten sie nannten – zu sehen. Andere schöne Teile sind das Erlebnis des Südhimmels.

Das schönste und berühmteste Sternbild des südlichen Sternhimmels ist das *Kreuz des Südens*, in der Nähe des südlichen Weltpols (Abb. 125). Der aufrecht stehende Balken des Kreuzes liefert uns, etwa viermal verlängert, die Lage des Himmels-Südpols, des anderen Endpunktes der Weltachse, das sich über der Kimm erhob, als am Äquator der Nordstern und mit ihm der Himmels-Nordpol endgültig versank.

Der Hauptstern des Kreuzes ist 1. Größe; in seiner Umgebung befinden sich keine weiteren hellen Sterne, so daß sich das Kreuz gut abhebt.

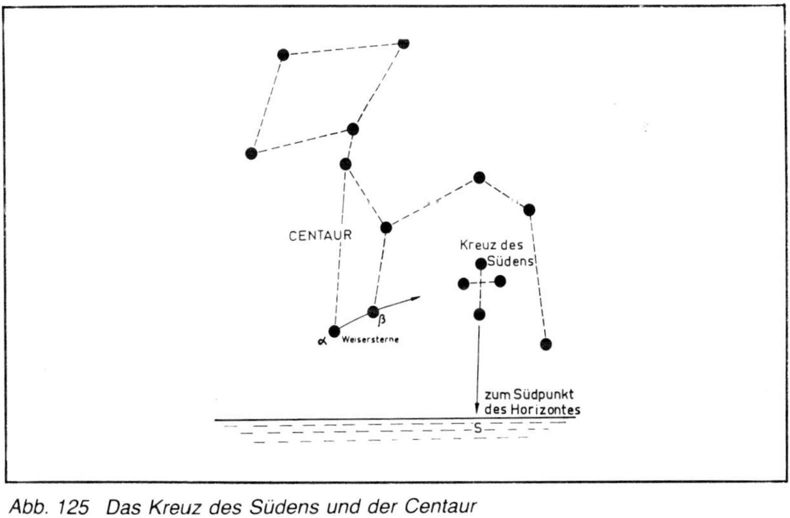

Abb. 125 Das Kreuz des Südens und der Centaur

Eine auffällige Erscheinung in diesem Sternbild sind die dunklen Stellen der Milchstraße, die der Seemann wenig poetisch, aber treffend Kohlensäcke nennt.
Auch das Kreuz des Südens liegt in der Milchstraße, die uns in ihrer lebhaften Gliederung als weiterer Wegweiser dienen kann.
In der Nähe des Kreuzes steht der *Centaur*. Der zweite Stern dieses Bildes ist ein guter Beobachtungsstern. Ein anderer ist der schon erwähnte,der Erde am nächsten stehende Fixstern, der nur 4,3 Lichtjahre entfernt ist.
Wenn wir den aufrecht stehenden Balken des Kreuzes vom schwächeren Stern aus zum helleren hin über den Südpol, dessen Umgebung sternleer ist, um das Zehnfache verlängern, stoßen wir auf den *Achernar*.
Verbinden wir den Rigel im Orion mit dem hellsten Stern des Kreuzes, so treffen wir etwa in der Mitte den *Canopus* im Sternbild *Schiffskiel*.
Vom Sirius, mitten zwischen den Centaurensternen hindurchstoßend, kommen wir zum Antares im Sternbild Skorpion (Abb. 126), der durch seine rötliche Färbung auffällt.
Zum Skorpion rechneten die Alten auch die beiden hellen Sterne der *Waage* mitten zwischen Spika und Antares. Die beiden Sterne heißen daher auch Nördliche Schere (*Zubeneschemali*) und Südliche Schere (*Zubenelgenubi*). Wir sehen sie hierzulande im Juni abends im Süden über dem Horizont.

Abb. 126 Skorpion und Schütze in der Deutung der Alten mit der modernen Deutung eines Teils des Schützen als „Teekanne"

Eine Suchlinie vom Sirius über Achernar führt zum *Fomalhaut* im Sternbild Fische, einem hellen Beobachtungsstern, den wir leicht finden.
In den Tropen sehen wir auch sehr gut das sogenannte Tierkreislicht *(Zodiakallicht),* das gelegentlich auch bei uns beobachtet werden kann, besonders im Frühjahr abends im Westen oder im Herbst morgens im Osten. Sein feiner heller Schimmer wird auf eine flache Schicht feinverteilter Materie zurückgeführt, die in den Planetenbahnen – über die Erdbahn hinausgehend – gelagert ist und das Licht der Sonne zurückwirft.
Diese Schicht liegt in der Ekliptik. Da diese in den Tropen steil über der Kimm hochsteigt, sehen wir das Tierkreislicht wie ein steiles Lichtband, das sich fast wie eine Brücke über den ganzen Himmel spannt.

Die Milchstraße

Das leuchtende Band der Milchstraße zieht sich über den ganzen Südhimmel vom Sirius über das Kreuz des Südens zum Skorpion weiter und schließt sich zu einem großen Ring um die Erde. In diesem Sternenband sieht das fotografische Auge des Forschers, wie es die Abbildungen 127 bis 129 zeigen, Millionen Sterne, wo das menschliche Auge höchstens ein Dutzend wahrnimmt. Zwischen den leuchtenden Sternen machen wir dunkle Stellen aus – ich erinnere an die Kohlensäcke im Kreuz des Südens. Auch die Kamera und das Riesenfernrohr auf dem Mount Palomar können an diesen Stellen keine Sterne entdecken.
Sieht man hier durch den Sternstrom hindurch? Ist da eine Lücke? Nein, es lagern an diesen Stellen *Dunkelnebel*, weitausgedehnte Massen feinster Verteilung, die das Licht von den dahinterstehenden Sternen nicht zu uns dringen lassen, die sich zwischen uns und die Sterne der Milchstraße geschoben haben.
So verraten sich dunkle Massen im Weltraum, von deren Existenz wir bisher nichts ahnten. Sehr sorgfältig hat die Sternforschung der Frage nachgehen müssen, ob der Himmel etwa überall mit derartigem Staub durchsetzt ist, der dann ja das Licht der Sterne wenn nicht gerade ganz verschlucken, aber doch wenigstens abschwächen müßte. Auf Helligkeitsüberlegungen bauten aber doch viele unserer Ergebnisse auf.
Man weiß heute, daß nicht der ganze Raum mit solchem kosmischen Staub erfüllt ist, sondern daß es sich um räumlich begrenzte Wolken handelt, allerdings riesigen Ausmaßes.
Neben diesen Dunkelnebeln finden wir in der Milchstraße aber auch leuchtende Nebel, beispielsweise den Nebel im Sternbild des Orion (Abb. 128). Durch sie ist man auf die Dunkelnebel überhaupt erst aufmerksam geworden. Die leuchtenden Nebel sind genau solche Staubmassen wie diese, aber sie werden durch einen benachbarten Stern zum Aufleuchten gebracht.
Wir sind bei unserem Vorstoß in die Weite des Weltalls schon viel zu bescheiden geworden, zu sehr von der Kleinheit unseres Sonnensystems überzeugt, als daß wir nun wirklich annehmen könnten, daß dieses Milchstra-

Abb. 127 Helle Nebel in den Plejaden, verursacht durch interstellaren Staub, der im reflektierten Licht der hellen Sterne leuchtet (20 Minuten belichtet)

Abb. 128 Der Orionnebel (30 Minuten belichtet)

ßenband in Wahrheit ein Band um Erde und Sonne sei, daß die Sonne etwa im Mittelpunkt dieses Milchstraßenbandes stehe. Ganz anders müssen wir uns das vorstellen.
Wir selbst stehen mitten in einer großen Ansammlung von Sternen, leuchtenden Sonnen wie unsere Sonne, einer Sternwolke, zu der alle uns bisher bekannten Sterne gehören. Aber wir stehen nicht im Mittelpunkt dieser Sternwolke, sind nicht der Mittelpunkt, sondern eine von den vielen Millionen Sonnen, die diese Sternwolke Milchstraße bilden, und nicht einmal eine besonders große. Diese Sternwolke ist nicht nach allen Seiten hin gleich dick, denn die Sterne werden, je weiter wir uns von dem Gürtel Milchstraße am Himmel wegwenden, immer spärlicher. Es handelt sich um einen linsenförmigen Körper, in dem sich alles abspielt, was bisher besprochen ist, der in sich wieder stark gegliedert ist, Verdichtungen besitzt, sich vielleicht auch in großen Spiralen ordnet. Möglicherweise dreht sich diese ganze Wolke wieder in sich?

Abb. 129 Das Zentrum der Milchstraße im Sternbild des Schützen

Sternhaufen

Der Milchstraßenwolke sind Kugelsternhaufen vorgelagert, die noch zu diesem System hinzuzuzählen sind.
Schon im Feldstecher beobachteten wir Sternhaufen. Was aber läßt ein modernes Riesenfernrohr an diesen Stellen des Himmels erkennen, an denen wir mit dem Auge nur eine leichte Aufhellung, einen lichten Fleck wahrnehmen?
Abb. 130 zeigt einen Kugelsternhaufen im Sternbild des Herkules. Dieser Sternhaufen besteht aus mindestens 30 000 Sonnen, sein Durchmesser beträgt 100 Lichtjahre. 30 000 Lichtjahre ist er von uns entfernt. In der Mitte stehen die Sonnen so dicht, daß wir Einzelheiten nicht mehr erkennen können. Im Milchstraßensystem sind etwa 120 derartiger Kugelsternhaufen bekannt.

Abb. 130 Kugelförmiger Sternhaufen (M 13) im Sternbild des Herkules

Doppelsterne

Wir sprachen bereits von Doppelsternen. Im Fernglas erscheinen uns Mizar und Alkor (Deichselstern und Reiterlein) als solche. Gehören sie zusammen, oder stehen sie nur für unsere Blickrichtung hintereinander?
Der Astronom hat herausgefunden, daß sie nicht zusammengehören, Alkor steht viel weiter ab von uns als Mizar. Man spricht in diesem Falle von *optischen* oder *scheinbaren* Doppelsternen.
Im Teleskop aber sehen wir an der Stelle des Mizars eine ganze Reihe kleinerer Sterne, und Mizar selbst entpuppt sich wieder als Doppelstern (Abb. 131). Der Abstand dieser beiden Sterne beträgt $1/120$ Vollmondbreite; nur in großen Fernrohren können sie getrennt werden (*teleskopische* Doppelsterne). Hier handelt es sich um einen *wirklichen* Doppelstern, das heißt ein Sonnensystem. Wie die Erde um die Sonne kreist, so kreisen auch dort zwei Himmelskörper umeinander.
Die Keplerschen Gesetze gelten für diese fernen Welten ebenso wie für unser Sonnensystem – die kühne rechnerische Anwendung dieser Gesetze führte denn auch zu weittragenden Entdeckungen.
Schon Bessel hatte herausgefunden, daß der Sirius nicht feststeht, sondern merkwürdige, winzige Wellenbewegungen ausführt, die erst in 1500 Jahren auf einen Monddurchmesser angewachsen sein würden. Man vermutete, daß für diese „Störungen" in der Siriuslage ein Begleiter verantwortlich sein könnte. Und ein Mathematiker berechnete, wie ein derartiger Begleiter ausse-

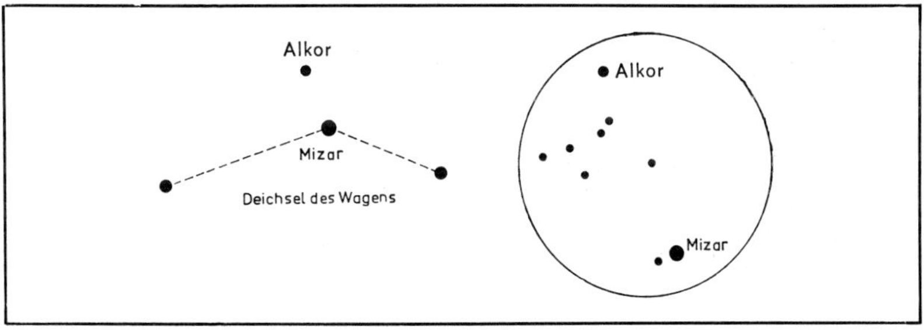

Abb. 131 Mizar und Alkor

hen müßte (Größe, Bahn und so weiter). Den durch diese Rechnungen vorausgesagten Trabanten des Sirius hat man dann im Fernrohr gefunden, seine Bahn war die vorausberechnete, seine Größe die erwartete. Ein Triumph menschlichen Geistes, ähnlich dem der rechnerischen Voraussage der Existenz eines weiteren Planeten, der Entdeckung des Neptuns. Dieser Sirius-Begleiter ist ungefähr so weit vom Sirius entfernt wie der Uranus von der Sonne, hat die Größenklasse 9, ist also für moderne Fernrohre ohne weiteres sichtbar (es stört nur die überstrahlende Helligkeit des Sirius). Der Begleiter ist von sehr großer Masse, seine Umlaufzeit beträgt 50 Jahre. Ein Sonnensystem wie das unsere also.
Man kennt heute schon mehr als 20 000 solcher Doppelsterne. Viele stehen so dicht zusammen, daß wir sie auch mit den größten Fernrohren nicht mehr trennen können. Nur die Untersuchung ihres Spektrums hilft da weiter. Nach dem Doppler-Prinzip können wir an den Verschiebungen der Spektrallinien erkennen, ob ein Stern sich auf uns zubewegt oder sich von uns entfernt. Die Spektrallinien müssen sich regelmäßig nach verschiedenen Seiten verschieben, je nachdem, ob der Begleiter sich in 1 oder 3 in Abb. 132 befindet, dazwischen aber normal liegen, wenn er sich durch 2 und 4 bewegt.
Ein solcher *spektroskopischer* Doppelstern ist für sich wieder der Alkor, wie auch der Mizar und sein teleskopischer Doppelstern, so daß wir an dieser Stelle also eigentlich ein sechsfaches Sternsystem sehen.
Manche Forscher meinen, daß überhaupt der Doppelstern die Regel ist, daß Einzelsterne zu den Seltenheiten gehören.
Man beobachtete auch Fälle, in denen nicht nur zwei, sondern drei oder sogar noch mehr Sterne zusammengehören; wie zum Beispiel der Castor in den Zwillingen in Wirklichkeit aus drei Sternen besteht – übrigens von verschiedener Farbe –, von denen jeder wieder ein Doppelstern ist.

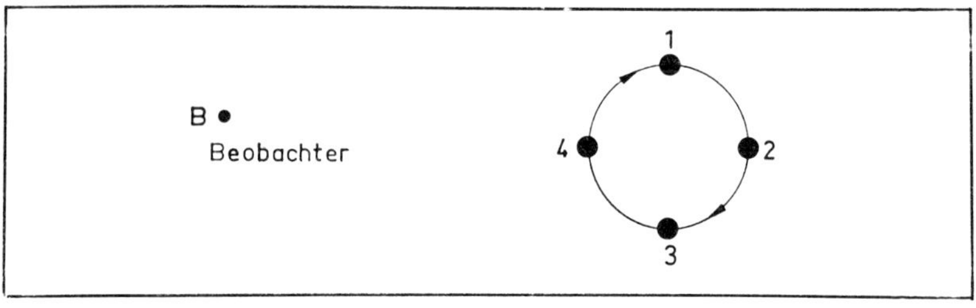

Abb. 132

Sternfinsternis

Ein seltenes Schauspiel tritt ein, wenn von Zeit zu Zeit ein Stern vor den anderen tritt und ihn für unsere Augen verdunkelt, wenn es also zu einer Sternfinsternis kommt. Am Beispiel des Algol ist diese Erscheinung der Welt schon lange bekannt. In gewissen Zeitabständen verdunkelt sich der Stern für Stunden, bis er dann wieder zweieinhalb Tage in unheimlicher Regelmäßigkeit leuchtet.

Wir finden den Algol im Sternbild des Perseus (Abb. 31); er ist ein Stern 2. Größe. Wenn man die genauen Zeiten kennt, kann man die sogenannte *Algolminima* also beobachten. In den Zeiten der Stockung sinkt die Helligkeit innerhalb von viereinhalb Stunden auf mindestens 4, jene des Reiterleins Alkor, ab; gleich darauf steigt sie in weiteren viereinhalb Stunden wieder auf die ursprüngliche Helligkeit, die des Nordsterns, an. Dieser regelmäßige Lichtwechsel tritt alle 2 Tage 20 Stunden 49 Minuten ein. Er wird wie folgt verursacht:

Ein Sternpaar, ein heller und ein dunkler Stern, kreisen in enger Bahn umeinander (Abb. 133). In Stellung 1 tritt der dunkle Stern B vor den hellen A,

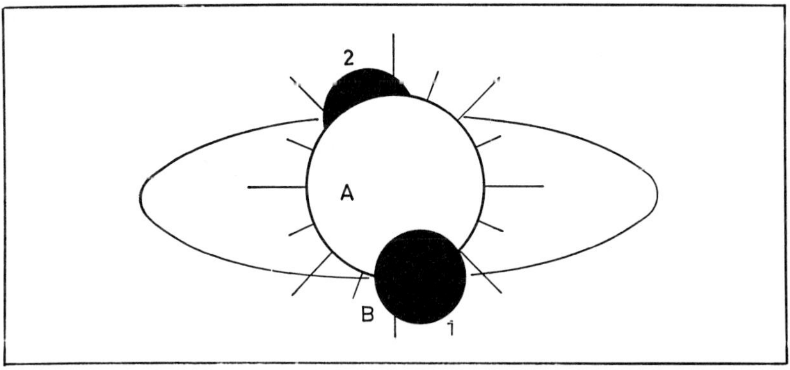

Abb. 133

in 2 verschwindet der dunkle Stern B hinter dem hellen A. Da A viel heller ist als B, wird es besonders in Fall 1 eine starke Verdunklung geben. Aber auch der Fall 2 ist in der Lichtkurve des Algol (Abb. 134) zu erkennen.

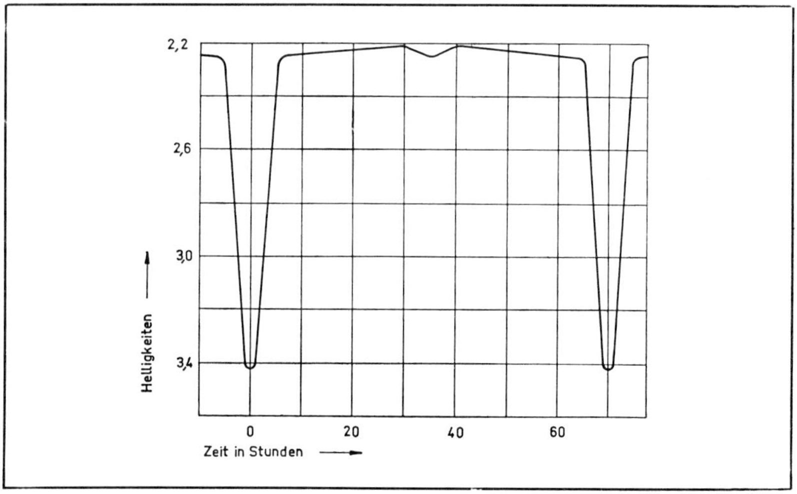

Abb. 134 Lichtkurve des Algol

Man spricht in diesen Fällen von *Bedeckungsveränderlichen*. „Veränderlicher" Stern bedeutet hier also nicht, daß die Sterne selbst sich ändern.
Es kommt vor, daß sich die beiden Partner fast berühren oder wohl sogar ineinander übergehen. So kennt man zwei Doppelsterne von 6 und 4 Millionen Kilometer Durchmesser, die zwischen ihren Oberflächen nur noch 6 Millionen Kilometer Abstand haben. Sie stehen so eng, daß das Fernrohr sie nicht mehr trennen kann.
Haben wir hier Fälle vor uns, in denen sich ein Doppelstern gerade bildet oder eine Teilung riesigen Ausmaßes gerade stattfindet?
Gibt es auch wirklich veränderliche Sterne?

Veränderliche Sterne

Seit langer Zeit kennt man den Stern *Mira* im Sternbild des *Walfisches*, der seinen Namen – er bedeutet Wunderstern – darum erhielt, weil man ihn als Stern 2. Größe um 1600 an einer Stelle des Himmels entdeckte, wo früher kein Stern dieser Helligkeit beobachtet wurde.
Das Sternbild Walfisch (Abb. 135) findet man durch Verlängerung der Suchlinie Andromeda–Dreieck–Widder.
Der Stern verschwand schon nach zwei Monaten, aber in den folgenden Jahren kam er in regelmäßiger Folge alle elf Monate wieder. Lange blieb dieses Wunder das einzige bekannte, bis man das Verhalten des Algol und damit einen zweiten veränderlichen Stern entdeckte. Später fand man mit den modernen Fernrohren eine Fülle weiterer Veränderlicher.

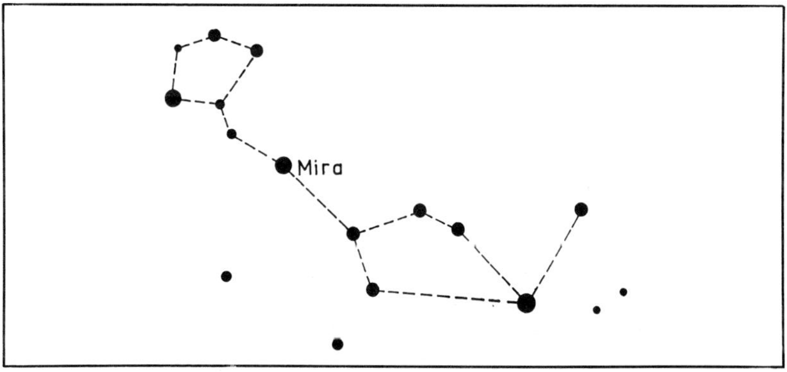

Abb. 135 Das Sternbild Walfisch mit der Mira

Mira zeigt einen sehr großen Lichtwechsel (Abb. 136). Zwei Wochen etwa ist der Stern von der Größe 2, dann sinkt die Helligkeit auf Größe 9 herab, so daß er für das bloße Auge unsichtbar wird. Nach elf Monaten tritt das Maximum wieder ein. Seine Periode ist also sehr lang, verglichen mit der des Algol.

Die nähere Untersuchung der Mira und ihr ähnlicher Sterne zeigt, daß es keine Bedeckungsveränderlichen sind wie der Algol. Es sind immer rote Riesensterne, bei denen es sich wohl um Vorgänge handelt, wie wir sie von der Sonne als Protuberanzen kennen, nur ins Ungeheure gesteigert. Könnten es Krisen sein, welche die Existenz des Sterns erschüttern? Ein gewaltiges Sichaufblähen und Wieder-in-sich-Zusammenfallen der locker angeordneten Gasmassen dieser Riesensonnenbälle? Oder beginnende Spaltungen, Vorwehen der Entstehung eines Doppelsterns? Gewaltige Veränderungen jedenfalls müssen es sein, wenn die Lichtstärke alle paar Monate um mehr als sieben Größenklassen schwankt!

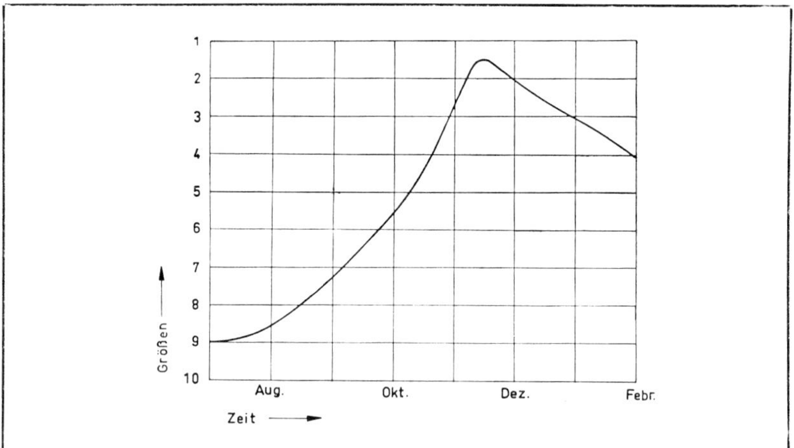

Abb. 136 Lichtkurve der Mira

Von besonderer Wichtigkeit ist eine Gruppe von veränderlichen Sternen, die man als „Blinksterne" bezeichnen möchte. Abb. 137 zeigt die Lichtkurve des Sternes Delta (δ) im Cepheus. Der Lichtwechsel erfolgt in sehr regelmäßigem Rhythmus, beträgt etwas weniger als eine Größenklasse und hat eine Periode von nur fünf Tagen.

Es gibt viele andere Sterne dieser Art mit ähnlichem periodischem Lichtwech-

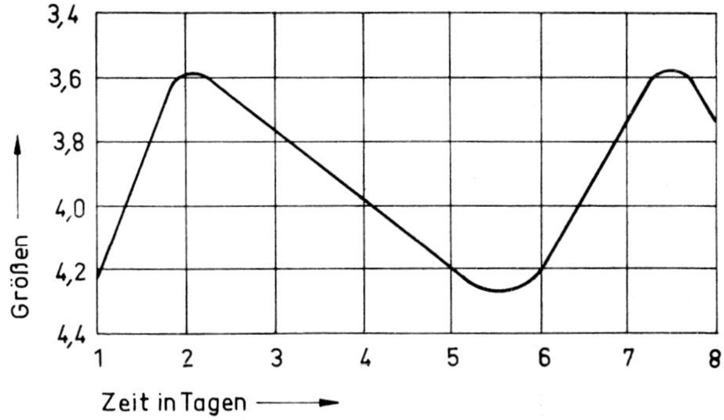

Abb. 137 Lichtkurve des Sterns Delta im Cepheus

sel großer Regelmäßigkeit, deren Perioden zwischen einigen Stunden und mehreren Tagen liegen. Man nennt sie *Cepheiden*. Sie sind uns wichtig, weil bei ihnen eine enge Beziehung besteht zwischen der Länge der Periode ihrer Lichtschwankung und ihrer absoluten Helligkeit. Ist die Periode zum Beispiel ein Tag, dann ist der Stern 110mal heller als die Sonne usw. Vergleiche ich nun die absolute Helligkeit mit der scheinbaren, die wir wirklich beobachten, kann ich daraus auf die wahre Entfernung des Sterns schließen. Wir werden sehen, wie wichtig dieses Gesetz und das Auffinden derartiger Cepheiden für die Festlegung der Entfernung ferner Spiralnebel ist.

Neue Sterne

Ein eifriger Beobachter entdeckt an dem ihm wohlbekannten Himmel plötzlich einen hellen Stern, der in den Nächten zuvor nicht da war. Ein neuer Stern? Die Sternwarten nehmen ihn aufs Korn und finden heraus, daß an der Stelle, wo nun der helle – neue – Stern leuchtet, immer schon ein winziger Lichtpunkt war.

Der Neue Stern ist 12 Größenklassen heller als dieser feine Lichtpunkt, das heißt, der Stern hat im Laufe eines Tages seine Helligkeit auf das 60 000fache gesteigert.

Er wird weiter beobachtet. Langsam läßt seine Helligkeit wieder nach, ruckweise, bis er schließlich wieder zu seiner ursprünglichen Helligkeit verblaßt ist. Abb. 138 zeigt die Lichtkurve eines gut beobachteten Neuen Sterns – *Nova* lautet der Fachausdruck –, der im Jahre 1901 im Perseus aufleuchtete (Nova Persei). Die Kurve der Helligkeit steigt in kürzester Zeit bis zur Größe Null an, um dann langsam wieder abzufallen, bis Mitte März ein regelmäßiger Helligkeitswechsel entsteht. Erst nach Jahren hatte dieser Stern wieder dieselbe schwache Helligkeit (Größe 12) wie vor seinem Aufleuchten im Februar 1901. Der Begriff Neuer Stern ist also nicht gleichbedeutend mit der Entstehung eines neuen Sterns. Am Ort der Nova Persei stand schon immer ein schwacher Stern der Größe 12.

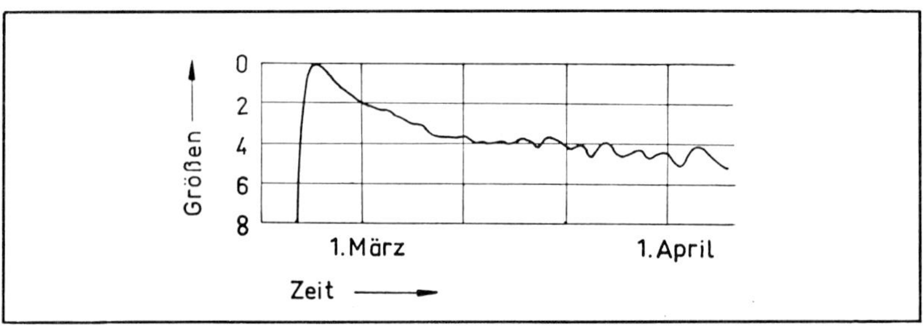

Abb. 138 Lichtkurve der Nova 1901 im Perseus

Das Spektrum eines solchen Neuen Sterns liefert uns einigen Anhalt für die Deutung der Vorgänge, die sich hier abspielen. Es scheint so zu sein, daß sich die äußeren Schichten des Gasballs aufblähen, explosionsartig auseinanderbersten, so daß nun die sonst unsichtbare heiße Strahlung der Sterninneren hervorbricht. Gasmassen werden hervorgestoßen, die den Stern einhüllen, eine ständig wachsende Kugel bildend. In der Tat erscheint so ein Stern im Fernrohr jetzt als kleine Scheibe. Die Gasmassen entfernen sich dann langsam in dem Raum, und mit der Zeit wird der Stern wieder zu dem unbedeutenden schwachen Punkt im Fernrohr, der er vor dem Ausbruch war.
Die Untersuchung vieler Novae erwies, daß sie als höchste absolute Helligkeit die Größe -7 haben. Damit ergibt sich wieder eine Möglichkeit (wie bei den Cepheiden), auf ihre Entfernung zu schließen, indem man die beobachtete Helligkeit mit der absoluten vergleicht.
Um noch gewaltigere Vorgänge muß es sich bei den sehr selten beobachteten *Supernovae* handeln, die ebenfalls plötzlich aufleuchten und langsam wieder verlöschen. Es wurde beobachtet, daß mit unfaßbarer Geschwindigkeit (3000 km in der Sekunde) sehr heiße Gase ausgeschleudert werden. Die Supernovae sind von der absoluten Helligkeit -17^m bis -20^m, das heißt 100 000mal so hell wie unsere Sonne! Sie sind so hell, daß sie auch in den größten Entfernungen, in denen wir heute Welteninseln entdecken, noch erkannt werden können. Auch sie werden zu Abstandsbestimmungen genutzt.
In unserem Milchstraßensystem sind nur drei Supernova-Ausbrüche bekannt. An der Stelle der 1054 von chinesischen Astronomen beobachteten Supernova steht heute der *Crab-Nebel*, ausgedehnte Gaswolken, die die Trümmer des durch Explosion zerstörten Sterns sind (Abb. 139).
Träte bei der Sonne eine derartige Explosion ein, so würden die Gasmassen bis zur Erde reichen, alles Leben vernichtend.
Wieder sehen wir in Einzelfällen ein kritisches Stadium der Sterngeschichte vor uns, das vielleicht jeder Stern einmal durchgemacht hat oder noch durchmachen wird.

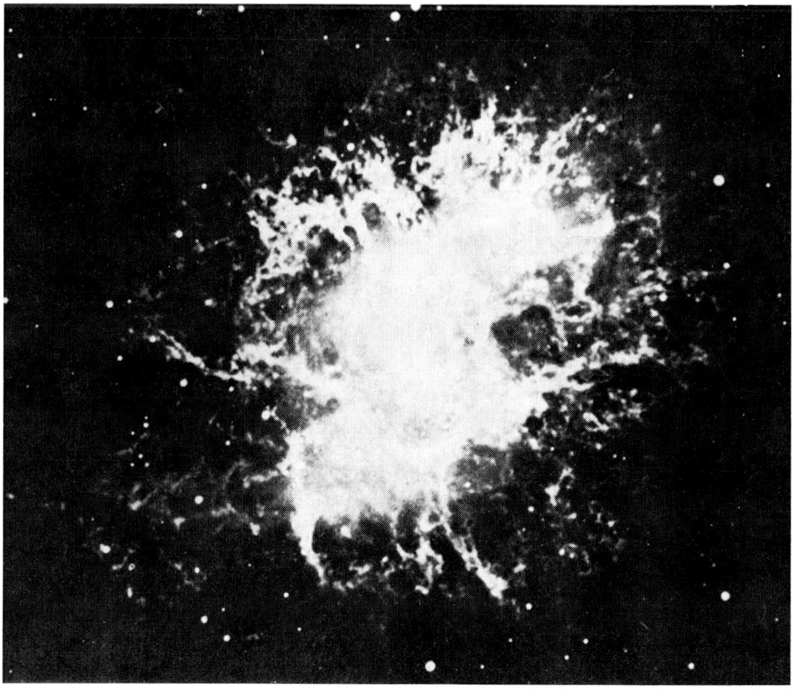

Abb. 139 Crab-Nebel im Sternbild Stier

Spiralnebel

Über den ganzen Himmel verstreut finden wir außer den einzelnen Sternen lichtschwache Gebilde, die im Gegensatz zu den Sternen bemerkenswerte Durchmesser haben.
Man unterscheidet Sternhaufen und Nebelflecke, je nachdem, ob es sich um eine Ansammlung von Einzelsternen handelt oder ein weitausgedehntes gasartiges Gebilde, das kein kontinuierliches Spektrum liefert wie ein Stern, sondern Linienspektren, wie sie nur bei leuchtenden Gasen auftreten.
Einige jener schwachen Aufhellungen am Himmel musterten wir bereits mit dem Glas. Wir sprachen von den Kugelsternhaufen, die aus einzelnen Sonnen bestehen, sahen den Orionnebel, weitausgedehnte Gasmassen, die von einem benachbarten Stern zum Leuchten gebracht werden, chaotisch bewegte Massen, zu denen andere Nebel wieder in merkwürdigem Gegensatz stehen, die Ringnebel, die man zu den planetarischen Nebeln rechnet und die auch zu unserem Milchstraßensystem gehören. Wo beim Orionnebel wogende Bewegung, ist hier sinnvolle Ordnung. Wir finden solche Ringe, Ovale, Scheibchen an verschiedenen Stellen des Himmels.
Es handelt sich bei ihnen um Sterne, die von ausgedehnten leuchtenden Gasmassen umgeben sind. Der ganze Nebel scheint um das Zentralgestirn zu kreisen. Die Ringnebel sind im Durchschnitt 3000 bis 4000 Lichtjahre entfernt, ihre Nebelhüllen haben oft über ein Lichtjahr Durchmesser. Die Spektraluntersuchung ihres Lichtes zeigt, daß diese Hülle meist aus Wasserstoff, Stickstoff oder Sauerstoff besteht. Das Zentralgestirn ist als äußerst heiß anzusehen, da es diese Gasmassen zum Leuchten bringen kann.
Neben den planetarischen Nebeln sieht der Astronom aber noch Gebilde ganz anderer Art, die Spiralnebel, die man als Sternansammlungen in wahrhaft unendlichen Entfernungen erkannt hat. Der berühmteste Vertreter dieser Spiralnebel, der Andromedanebel, ist mit freiem Auge als lichtschwaches Nebelwölkchen zu erkennen. Abb. 140 zeigt diesen Nebel durchs Riesenfernrohr gesehen.
Wir wissen von diesem Spiralnebel, daß er über zwei Millionen Lichtjahre von uns entfernt ist. Diese Erkenntnis gelang, als man ihn in Einzelsterne auflösen konnte, unter denen man denn auch bald darauf viele Veränderliche Sterne

Abb. 140 Der Andromedanebel (45 Minuten belichtet)

entdeckte, auch solche vom Typ der Cepheiden. Mit ihrer Hilfe konnte man die Entfernung bestimmen.
Denselben Abstand hat ein Nebel im Sternbild Dreieck (der Triangelnebel), den wir ebenso weit von der Fünferreihe abstehend finden wie den Andromedanebel, nur nach der anderen Seite hin.
Um diese Entfernungen vorstellbar zu machen, reicht auch der auf Seite 142 angewandte Maßstab nicht aus. Lassen wir noch einmal alles um das Tausendfache schrumpfen, dann kann in diesem „stellaren“ Maßstab 1 : 1000 Billionen unser ganzes Planetensystem in einem Wassertropfen untergebracht werden. Legten wir die Sonne nach Berlin, dann müßte der Andromedanebel in Australien angeordnet werden! Und der Raum, den er einnähme, müßte größer sein als ganz Deutschland.
Gewaltig ist der Durchmesser dieses Wirbelrades sprühender Sternfunken – er beträgt mindestens 150 000 Lichtjahre. Seine Dicke ist mit 15 000 Lichtjahren sehr viel geringer. Eine flache Welteninsel für sich, durch unendliche Leeren von uns getrennt. Wie wir den Abstand der Fixsterne in unserem Milchstraßensystem als einsam empfanden, so einsam stehen diese Welteninseln – wie auch unser Milchstraßensystem eine ist – in der Weite des Raumes.
Andere Welteninseln – Humboldt prägte diesen Begriff – zeigen die Abbildungen 141 und 142. Der eine Nebel ist von der Kante gesehen, der andere genau von vorn, während der Andromedanebel (Abb. 140) schräg vor uns liegt. Diese Bilder bestätigen unsere Vorstellung von einer Spirale, die in der Mitte einen dickeren Kern hat – wohl eine gewaltige Ansammlung von Einzelsonnen, die durch ihre Anziehungskraft die äußeren Teile der Spirale beherrschen. Die abgeplattete Form legt den Verdacht nahe, daß es sich um stark rotierende Gebilde handelt, die die Massen von sich abschleudern.
Was für die Milchstraßenwelt nur vermutet werden konnte, ist für den Andromedanebel bewiesen: er rotiert. In 250 Millionen Jahren hat er eine Umdrehung vollendet. Die Verschiebungen der Spektrallinien, die diese Theorie fordert, können nachgewiesen werden.
Die Spektraluntersuchung zeigt ferner, daß diese fernen Welten aus denselben Grundstoffen aufgebaut sind, die unsere Welt enthält.
Am Rande des Andromedanebels findet man übrigens auch Kugelsternhaufen, so wie sie unserem Milchstraßensystem vorgelagert sind.
Auch Novae hat man in der Andromedaspirale entdeckt, die zu Abstandsbestimmungen herangezogen worden sind.

Abb. 141 Der Spindelnebel

Wenn nun der Andromedanebel eine Welt wie die unsere ist, bestehend aus Milliarden einzelner Sonnen, wie steht es dann mit weiteren solchen Welten? Wenn wir weitertasten, stoßen wir auf immer neue Welteninseln. Das Riesenteleskop auf dem Mount Palomar macht heute schon Millionen dieser Sternsysteme sichtbar. Ist das das Letzte? Werden noch größere Rohre noch weitere Fernen erschließen? Wie groß ist die Welt? Gibt es ein Ende?
Es zeigt sich, daß diese Nebel in Gruppen zusammenstehen. Schlagen wir um unseren Raumstandpunkt eine Kugel mit einem Halbmesser von fünf Millionen Lichtjahren, dann finden wir in diesem Riesenraum nur etwa 16 Spiralnebel. Unsere Milchstraße bildet mit dem Andromeda- und Triangelnebel und einigen weiteren eine Sternsystem-Gruppe; aber außer dieser, sagen wir „lokalen" Gruppe, finden wir nun weitere Welteninseln, einzeln oder in Gruppen, über den ganzen Himmel verteilt. So liegt eine Gruppe von Nebeln in der Entfernung von 50 Millionen Lichtjahren im Sternbild der Jungfrau, die etwa 2500 Sternsysteme umfaßt. Immer schwieriger werden die Abstandsbestimmungen, aber wir fassen heute weit über eine Milliarde Lichtjahre in den Raum hinaus. Man schätzt, daß es Milliarden solcher Weltensysteme gibt, jedes wieder bestehend aus Milliarden Einzelsonnen.
Die spektrale Untersuchung des Lichtes eines Nebels zeigt die uns schon bekannen Rot- und Violettverschiebungen der Spektrallinien. Freilich sind diese Beobachtungen sehr mühsam; Aufnahmen derartig schwacher Sternspektren erfordern Belichtungszeiten von bis zu 100 Stunden. Aus diesen Spektralaufnahmen schließt man, daß die Systeme sich von uns fortbewegen. Während die Geschwindigkeiten, mit denen die Teile einer solchen Spirale vom Kern fortgeschleudert werden, in unserem Milchstraßensystem noch klein sind, treten bei den Spiralnebeln hohe Geschwindigkeiten auf. Man ersieht aus den Linienverschiebungen – wenn diese nicht noch andere, für uns noch unbekannte Ursachen haben –, daß alle Spiralnebel sich von uns fortbewegen und anscheinend mit um so höherer Geschwindigkeit, je weiter sie von uns entfernt stehen. Wenn das stimmt, leben wir in einer auseinanderfliegenden Welt. Das gesamte uns bisher bekannte Weltall „explodiert", fliegt ins Nichts auseinander. Dabei treten Geschwindigkeiten von bis zu ⅓ der Lichtgeschwindigkeit auf, womit wir an die Grenze der Erfahrungsmöglichkeit überhaupt gelangen.
Der bohrende Geist des Forschers hat diese Tatsache zu deuten versucht, aber die Vorstellungskraft verläßt uns. Stimmte diese Vorstellung der auseinanderfliegenden Welt, müßte doch früher einmal die ganze Masse der Welt in

Abb. 142 Spiralnebel in den Jagdhunden, Entfernung 8 Millionen Lichtjahre (60 Minuten belichtet)

einem Punkt vereinigt gewesen sein. Wann war das? Wenn die Geschwindigkeiten der Explosion dieselben geblieben sind, würde man das Alter der Welt berechnen können. Es kommen einige Milliarden Jahre heraus, ein Alter, das auch die Geologen für die Erde ansetzen.
Ist ferner der Raum so unendlich, daß diese Explosionsbewegung sich fortsetzen kann in alle Ewigkeit? Oder ist der Raum endlich? Kann er nicht in dem Sinne „gekrümmt" sein wie die Kugeloberfläche, auf der man immer in derselben Richtung weitergehen kann, unendlich lange, ohne daß die Fläche selbst unendlich wäre? Freilich versagt bei dieser Annahme eines „gekrümmten" Raumes unser Vorstellungsvermögen völlig.
Und wenn einmal die Masse der Welt in einem Punkt vereinigt war, war sie damals ebenso groß wie jetzt? Gibt es eine endliche Masse der Welt für alle Zeiten? Man berechnet die Masse der uns bekannten Welt zu 10^{56} Gramm (das wäre eine Zahl mit 56 Nullen). Oder wächst die Masse unserer Welt? Dann müßten immer neue Sterne entstehen. Sogenannte Neue Sterne lernten wir kennen, doch handelt es sich dabei um vorhandene schwache Sterne, die plötzlich aufleuchten, um dann wieder zu verlöschen. Aber die Supernovae, die wir allerdings nur so selten beobachten? Wurde bei ihnen der Vorgang der Entstehung eines neuen Sterns beobachtet?
Wird uns die Erforschung jener rätselhaften kosmischen Strahlung weiterbringen, die uns aus den Tiefen des Weltalls erreicht, nicht von der Sonne, auch nicht von den Sternen der Milchstraße, sondern aus den ungeheuren Fernen der Welteninselsysteme, die so sehr viel durchdringender ist als alle uns bisher auf der Erde bekannten Strahlen?
Wir sehen: Je weiter wir vordringen, desto größer wird die Zahl der offenen Fragen, die der Forschung noch gestellt sind, desto rätselhafter wird unser Weltbild. Der Schwindel packt uns ob der Größe und Gewalt des schon erreichten Bildes, die Vorstellungskraft verläßt uns, demütig und klein stehen wir vor der Macht der Kräfte, die diese Welten regieren, ein klein wenig aber auch stolz darauf, daß es menschlichem Scharfsinn gelang, dieses Bild der Welt zu erfassen, das vor uns erstand.

Tafeln

Sonne, Erde, Mond

Gestirn	Durchmesser in Kilometern	Durchmesser bezogen auf Erddurchmesser = 1	Rauminhalt bezogen auf Erdrauminhalt = 1	Masse bezogen auf Erdmasse = 1	Dauer einer Umdrehung in Tagen
Sonne	1 392 700	109	1 300 000	332 000	25⅓
Erde	12 757	1	1	1	1
Mond	3 470	¼	1/50	1/81	27⅓

Entfernung Erde–Sonne

kleinste Entfernung (Anfang Januar)	147 100 000 km
größte Entfernung (Anfang Juli)	152 100 000 km
mittlere Entfernung	149 600 000 km

Entfernung Erde–Mond

kleinste Entfernung	356 410 km
größte Entfernung	406 740 km
mittlere Entfernung	384 400 km

Die Planeten

Name	Mittlere Entfernung		Umlaufzeit Jahre – Tage	Äquator-Durchmesser		Masse bezogen auf Erdmasse = 1	Anzahl der Monde
	in Millionen Kilometern	bezogen auf Erdentfernung = 1		in Kilometern	bezogen auf Erddurchmesser = 1		
Merkur	58	0,4	0– 88	4 876	0,38	0,05	0
Venus	108	0,7	0–243	12 200	0,97	0,81	0
Erde	149,6	1	0–365¼	12 757	1	1	1
Mars	228	1,5	1–322	6 787	0,5	0,10	2
Jupiter	778	5,2	11–315	142 800	11,2	318	14
Saturn	1427	9,5	29–167	121 000	9,5	95	11 Ring-system
Uranus	2870	19,2	84– 7	51 800	4,06	15	5 Ring-System
Neptun	4498	30,1	164–280	44 600	3,5	17	2
Pluto	5910	39,5	249	2 500	0,2	0,0017	1

Die hellsten Fixsterne

Name	Sternbild	Scheinbare (visuelle) Helligkeit		Entfernung in Licht-jahren
		Größe	Leuchtkraft bezogen auf Sonne = 1	
Sirius	Großer Hund	−1,6	20	9
Canopus	Schiffskiel	−0,8	80 000	550
1. Stern im Centauren	Centaur	−0,02	1	4,3
Wega	Leier	0,03	50	26
Capella	Fuhrmann	0,2	100	45
Arcturus	Bootes	0,2	100	36
Rigel	Orion	0,1	100 000	880
Procyon	Kleiner Hund	0,4	6	11
Achernar	Eridanus	0,4	200	115
2. Stern im Centauren	Centaur	0,6	1 900	325
Atair	Adler	0,8	10	16
Beteigeuze	Orion	0,4−1,3	10 000	600
Aldebaran	Stier	0,8	160	68
Pollux	Zwillinge	1,1	33	35
Spika	Jungfrau	1,2	15 000	275
Antares	Skorpion	1,2	10 000	420
Fomalhaut	Südl. Fisch	1,2	13	23
Deneb	Schwan	1,3	100 000	1 600
Regulus	Löwe	1,3	100	86
1. Stern im südl. Kreuz	Südl. Kreuz	1,3	4 100	300
Nordstern (Polarstern)	Kleiner Bär	2,1	5 000	650

Sachverzeichnis